全国老年大学统编教材

老年人太极拳教程

杨氏24式

高崇 编著
杨天硕 摄影

人民邮电出版社
北京

图书在版编目（CIP）数据

老年人太极拳教程. 杨氏24式 / 高崇编著 ； 杨天硕摄. -- 北京 : 人民邮电出版社, 2023.8
ISBN 978-7-115-61759-0

Ⅰ. ①老… Ⅱ. ①高… ②杨… Ⅲ. ①老年人一太极拳一教材 Ⅳ. ①G852.11

中国国家版本馆CIP数据核字(2023)第088762号

免责声明

内容提要

本书为全国老年大学统编教材，是专门为老年人设计的杨氏太极拳入门学习指导书，由太极拳世界冠军、国家级运动健将高崇教练指导及示范。本书首先介绍了杨氏太极拳的历史发展和实用功能，接着采用真人演示、分步图解的形式，对杨氏太极拳的基础动作和杨氏24式太极拳的练习方法和要点进行了细致讲解。此外，本书配有杨氏24式太极拳的演示视频，可以帮助老年人快速领悟杨氏太极拳的技法要领，提升锻炼效果。

◆ 编　著　高　崇
摄　影　杨天硕
责任编辑　林振英
责任印制　彭志环

◆ 人民邮电出版社出版发行　　北京市丰台区成寿寺路11号
邮编　100164　　电子邮件　315@ptpress.com.cn
网址　https://www.ptpress.com.cn
北京捷迅佳彩印刷有限公司印刷

◆ 开本：787×1092　1/16
印张：6.75　　2023年8月第1版
字数：107千字　　2023年8月北京第1次印刷

定价：38.00元

读者服务热线：(010)81055296　印装质量热线：(010)81055316
反盗版热线：(010)81055315
广告经营许可证：京东市监广登字20170147号

全国老年大学统编教材
编委会

老年人体育活动指导系列图书
编委会

总序

由中国老年大学协会组织编写的全国老年大学通识课程教材即将面世，这是我国老年教育和老年大学发展史上一件具有开创性意义的举措。

我们国家的老年教育，在党和政府的高度重视以及社会各界的广泛参与下，适应了老龄社会发展和老年群体需求，一直保持着健康快速的发展态势，并逐步取得了令世人瞩目的巨大成就。党的十八大以来，习近平总书记多次发表重要讲话，指出人口老龄化事关国家发展全局和亿万百姓福祉。强调要坚持党委领导、政府主导、社会参与、全民行动相结合，推动老龄事业全面可持续发展。党中央、国务院陆续公布实施的《老年教育发展规划（2016—2020 年）》《老龄事业“十三五”规划》《加快推进教育现代化实施方案（2018—2022 年）》等重要文件，对做好老龄工作、发展老龄事业做出了新的重大部署，对老年教育发展制定了明确的规划，有力地推动了我国应对人口老龄化的全面工作。目前我国老年教育的发展和老年大学的工作，已经呈现出党政主导、社会参与、多方支持的大好局面。

中国老年大学协会作为国家民政部所属的社会组织，自 1988 年 12 月成立以来，认真贯彻落实党和政府关于老年教育的方针政策，充分发挥桥梁纽带和凝聚作用，广泛联系各地老年大学、老年学校，大力宣传“增长知识、丰富生活、陶冶情操、促进健康、服务社会”的老年大学办学宗旨，促进各地老年大学、老年学校在办学原则、培养目标、专业设置、课程安排、学校管理等一系列重大办学方向问题上统一思想，形成共识，对我国老年教育事业的巩固与提升，发挥了导向性的作用。特别是积极贯彻党的十八大、十九大精神，落实新时代老年教育规划目标任务，组织老年大学认真学习习近平新时代中国特色社会主义思想，探讨老年教育发展的新机制和新路径，开创老年教育发展的新格局，推动老年大学工作迈上了一个新台阶。协会自身发展也进入了一个新阶段。

建立并逐步完善科学、适用、可行的老年大学特色课程体系，设计、构建与社会发展大环境相匹配的具有老年大学特色的通识教材，是中国老年大学协会一直坚持的目标，也是众多老年大学、老年学校一致的企盼。首批五本通识教材——《树立和培育积极老龄观》《新时代老年大学校长读本》《老龄金融》《老年健康教育与管理》《老年人权益保障法律实务》——从选题立意到内容编排，都体现出创新意识和独特见解，令人耳目一新，为之一振。希望老年同志们从中汲取营养，幸福地度过晚年；希望中国老年大学协会再接再厉，为老年人做出应有的贡献！

顾秀莲

2020 年 8 月

序

近年来，随着老年人口数量的不断增大，我国陆续发布了《“健康中国 2030”规划纲要》《关于促进养老托育服务健康发展的意见》《全民健身计划（2021-2025 年）》《“十四五”国家老龄事业发展和养老服务体系规划》《“十四五”健康老龄化规划》等政策文件，以引导和促进实现积极老龄观和健康老龄化。这些政策文件中指出了可通过指导老年人科学开展各类体育健身项目，将运动干预纳入老年人慢性病防控与康复方案，提供文化体育活动场所，组织开展文化体育活动等措施支持老年人参与体育健身，丰富老年人的精神文化生活，全面提升老年人的身心健康水平与生活品质。

与此同时，作为我国老年人教育事业的重要组成部分，老年体育教育承担着满足老年人的体育学习需求，丰富老年教育的内容和形式，以及不断探索老年教育模式的责任，可长远服务于积极应对人口老龄化、实现教育现代化和建设学习型社会。

在上述背景下，人民邮电出版社有限公司作为建社 70 周年的综合性出版大社，同时作为全国优秀出版社、全国文明单位，围绕“立足信息产业，面向现代社会，传播科学知识，服务科教兴国，为走中国特色新型工业化道路服务”的出版宗旨，基于在信息技术、摄影、艺术、运动与休闲等领域的领先出版资源、经验与地位，策划出版了“老年人体育活动指导系列图书”（以下简称本系列图书）。本系列图书是以指导老年人安全、有效地开展不同形式体育活动为目标的老年体育教育用书，并且由不同体育领域的资深专家、学者和教育工作者担任作者和编委会成员，确保了内容的专业性与科学性。与此同时，本系列图书内容覆盖广泛，其中包括群众基础广泛、适合个人习练或进行团体表演的传统武术与健身气功领域，具有悠久传承历史、能够极大丰富老年生活的棋牌益智领域，包含门球、乒乓球等项目在内的运动专项领域，旨在针对性改善慢性疼痛、慢病预防与控制、意外跌倒等老年人突出健康问题的运动功能改善训练领域，以及涵盖运动安全、运动营养等方面的运动健康科普领域。

本系列图书在内容设置和呈现形式上充分考虑了老年人的阅读和学习习惯，一方面严格按照循序渐进的原则进行内容讲解，另一方面通过大图大字的方式分步展示技术动作，同时附赠了扫码即可免费观看的在线演示视频，以帮助老年人降低学习难度、提高训练效果，以及为相关课程的开展提供更丰富的教学素材。此外，为了更好地适应和满足老年人日益丰富的文化需求，本系列图书将不断进行内容和形式上的扩充、调整和修订，并努力为广大老年读者提供更丰富、更多元的学习资源和服务。

最后，希望本系列图书能够为促进老年体育教育发展及健康老龄化进程贡献微薄之力。

在线视频访问说明

本书提供了杨氏 24 式太极拳的在线视频，您可通过微信“扫一扫”，扫描下方的二维码进行观看。

步骤 1

点击微信聊天界面右上角的“+”，弹出功能菜单（图 1）。

步骤 2

点击弹出的功能菜单上的“扫一扫”，进入该功能界面，扫描上方的二维码，扫描后可直接观看视频（图 2）。

图 1

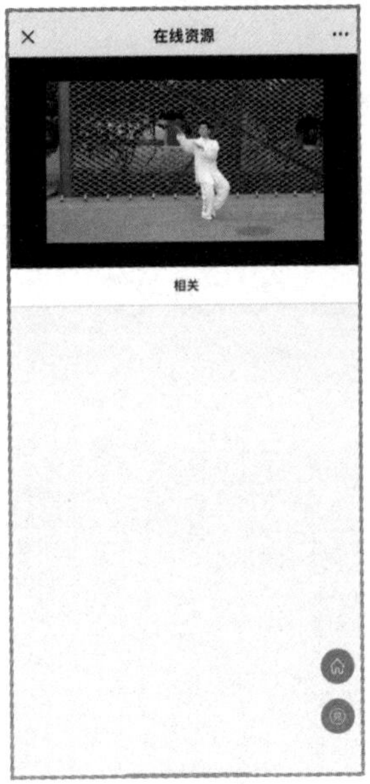

图 2

目录

第一章

杨氏太极拳的基础知识

历史发展

杨氏太极拳是历史悠久的拳术，太极拳的重要流派之一，是由河北省邯郸市永年区人杨露禅及其子杨班侯、杨健侯，其孙杨少侯、杨澄甫等人发展创编的。杨氏太极拳由于姿势舒展，平正朴实，练法简易，深受广大群众的喜爱，传播广泛。杨氏太极拳对手眼身法步都有严格的要求。手眼身法步按要求做到正确，练拳和推手才能收到良好的效果。

19 世纪 40 年代初，杨氏太极拳的始祖杨露禅（1799—1872）将太极拳的健身功能引入社会，使其迅速流传至大江南北。

后来，杨露禅的第三子杨鉴（1839—1917，字健侯，号镜湖）在继承父亲“小架子”太极拳的基础上，将拳法幅度扩大，修改成“中架”，既保持了技击特点，又适合健身的需要，使杨氏太极拳有了进一步的发展。

杨鉴的第三子杨兆清（1883—1936，字澄甫），在父亲发扬光大的中架太极拳的基础上，完整地继承了杨家拳、剑、刀、枪、大捋、散手、对刀、黏剑、粘枪、点穴及内功心法。晚年时他集杨家三代之经验，将杨氏太极拳的套路架势逐步定型。杨兆清因此被誉为杨氏太极拳承前启后的一代宗师。他先后撰写出版了《太极拳使用法》《太极拳体用全书》，详述杨氏太极拳的精华，为后学者留下了宝贵的武学经典。

实用功能

中医认为，打太极拳对身体的多方面都能起到保健作用，它不仅能加强肾脏的功能，调节人体的内分泌，还能改善腰腿酸软、失眠多梦等症状。

首先，太极拳的呼吸方式会改善人的部分器官的功能。打太极拳用“腹式呼吸”，腹式呼吸可改变腹腔的压力，增大胸廓的容积，增强腹内脏器的活动，从而改善人体的血液循环以及消化系统的功能。

打太极拳对全身的骨骼和肌肉都能起到改善作用。在进行太极拳运动时，全身的骨骼和肌肉会周期性地舒张和收缩，从而让血液循环得到加强和改善，包括身体内脏中的毛细血管网都被调动起来，心肌营养得到有效供给。

太极拳对人的神经系统也有良好的调节作用。它可以舒缓人的精神状态，改善神经衰弱、健忘、失眠等症状。

太极拳不仅对养生保健起到很好的作用，而且它还是一种拳术，讲究技击性，在技击和防卫上也有其独到之处，是可以用于实战的功夫。

第二章

杨氏太极拳的基础动作

野马分鬃

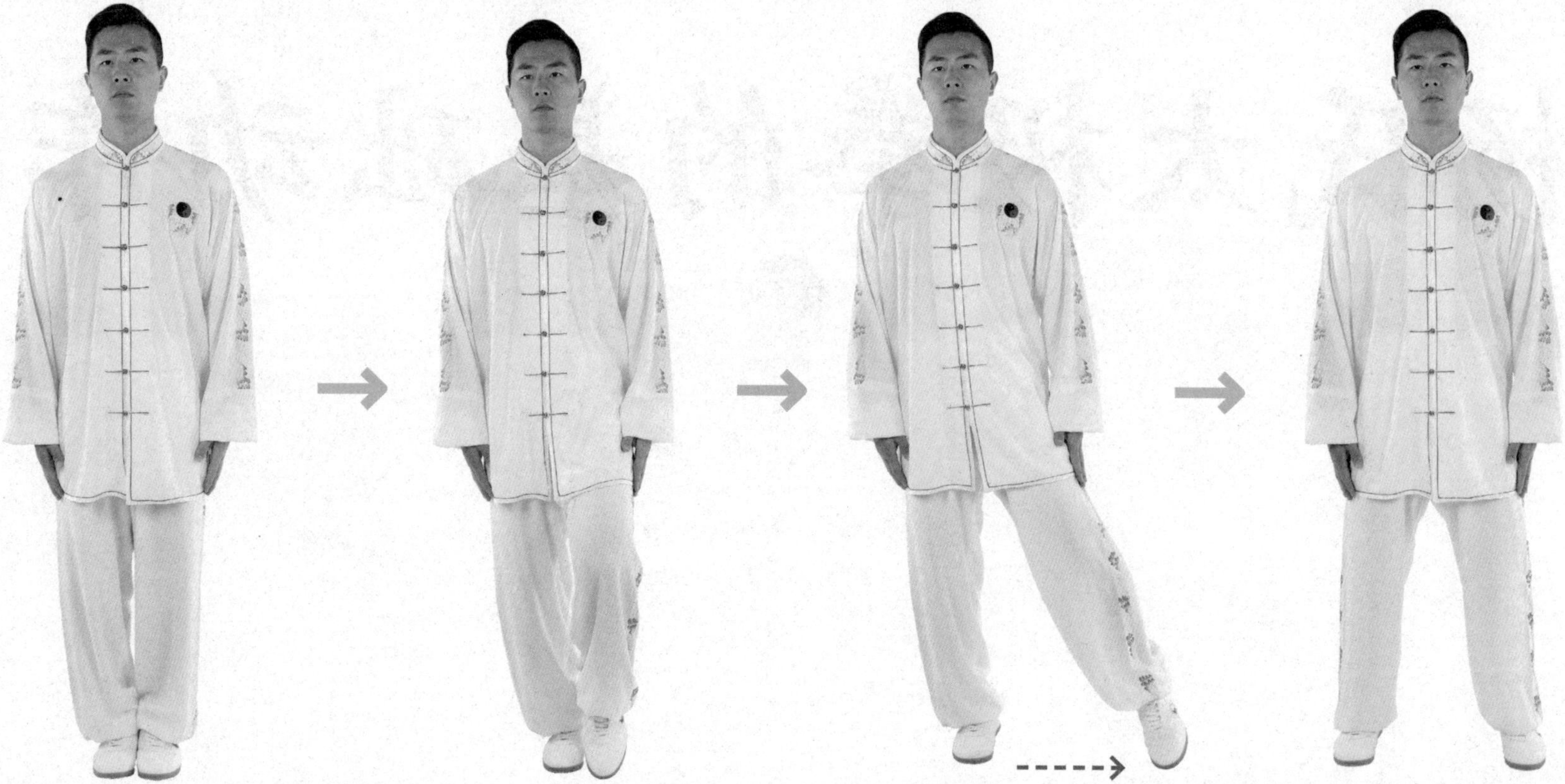

一 身体自然直立，双脚并拢，双臂自然下垂，双手分别放在大腿外侧，平视前方。左脚抬起向左侧迈出大约一步距离，呈双脚开立姿势。

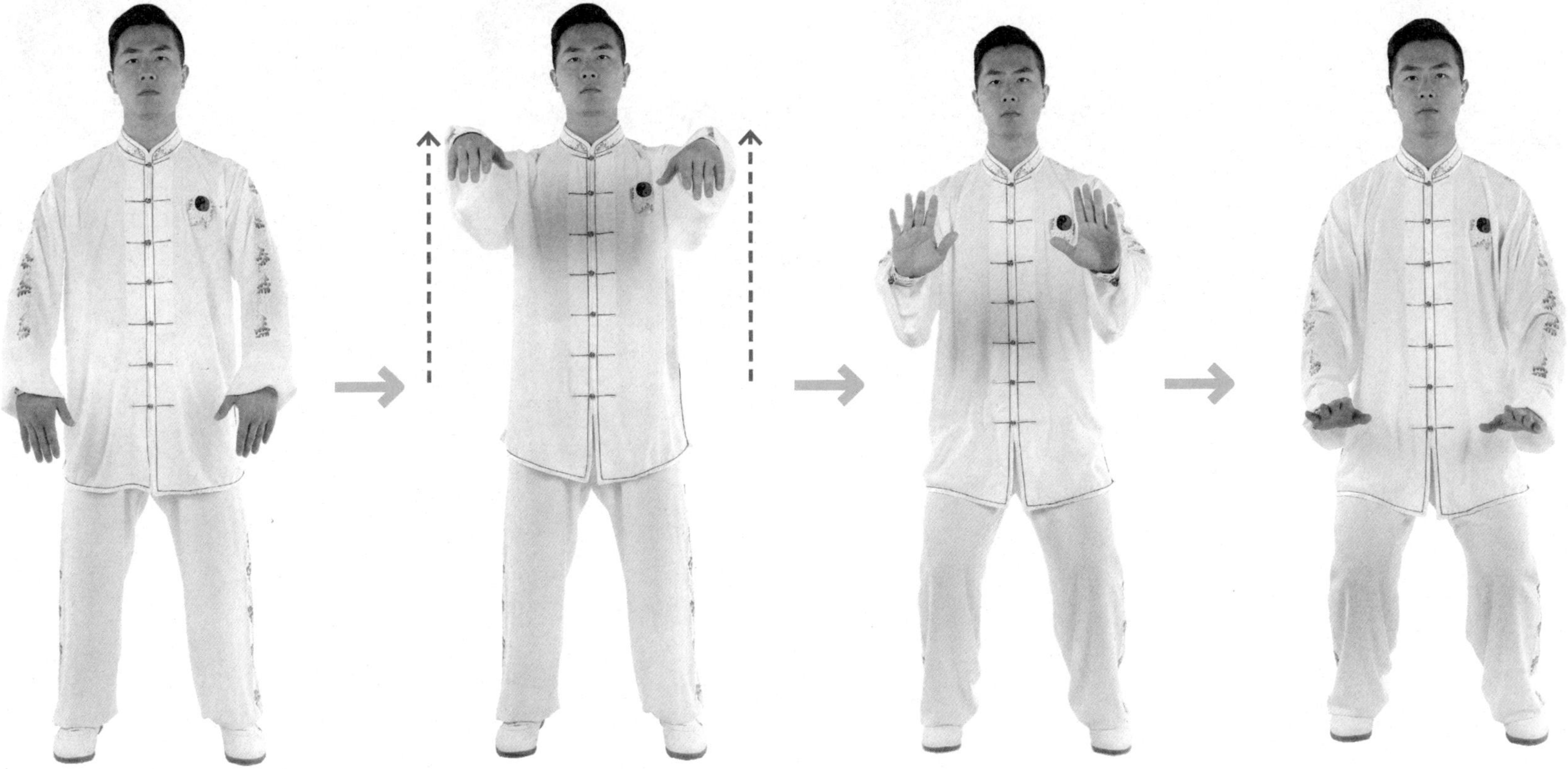

二 双臂慢慢向前平举，双手举高与肩平，与肩同宽，掌心向下。上身保持正直，双腿屈膝下蹲；同时双掌轻轻下落，落至髋部，指尖向前，掌心向下，平视前方。

三 身体右转，重心移至左腿，右脚向右侧迈步，右腿弯曲，重心前移至右腿。左脚随即收到右脚内侧，脚尖着地，眼看右手。同时右臂抬起，收至胸前平屈，掌心向下；左手翻掌沿弧线形路线经体前向右划，放在右手下，掌心向上，双手掌心相对呈抱球状。

四 身体向左转，左脚向左前方迈出，右脚后蹬，右腿自然伸直，呈左弓步。同时左右手随转体慢慢分别向左上、右下分开，左手约与肩齐高，屈肘，掌心向上；右手落在髋部右侧，肘微屈，掌心向下，指尖向前；眼睛看左手。

五 身体微向左前方转，右腿收脚后迈向右侧，左腿弯曲，身体重心移至左腿，左脚后蹬，左腿自然伸直，呈右弓步。同时左右手随转体慢慢分别向右上、左下分开，右手约与肩齐高，屈肘，掌心向上；左手落在髋部左侧，肘微屈，掌心向下，指尖向前；眼睛看右手。

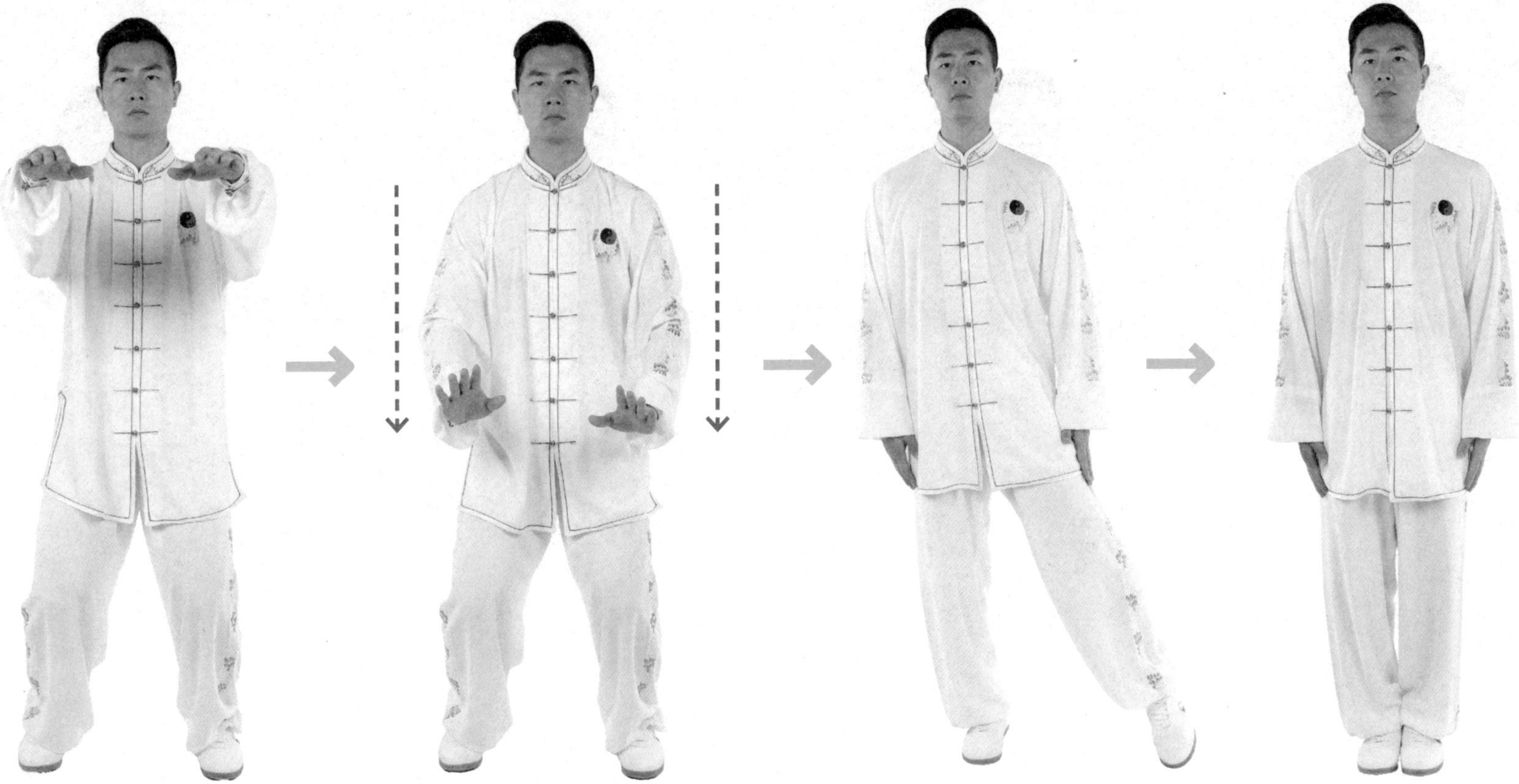

六 左脚前迈，双腿微蹲，呈双脚开立姿势；双臂前伸与肩同宽，随后双掌下落于身体两侧。左脚轻轻提起，与右脚并拢，前脚掌先着地，随后全脚踏实，恢复预备姿势，平视前方。

搂膝拗步

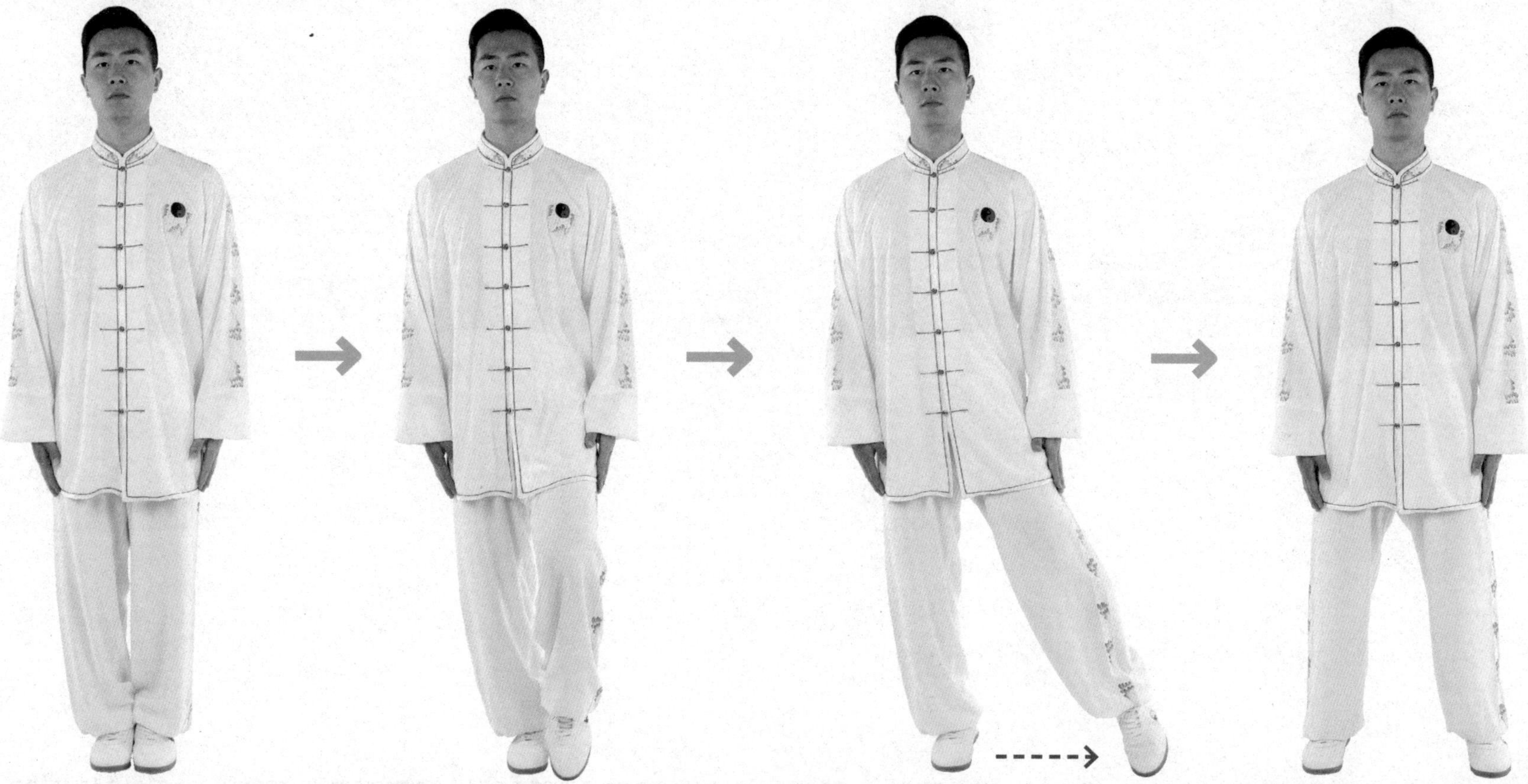

一 身体自然直立，双脚并拢，双臂自然下垂，双手分别放在大腿外侧，平视前方。左脚抬起向左侧迈出大约一步距离，呈双脚开立姿势。

二 双臂慢慢向前平举，双手与肩同高，与肩同宽，掌心向下。上身保持正直，双腿屈膝下蹲；同时双掌轻轻下落，落至髋部，指尖向前，掌心向下，平视前方。

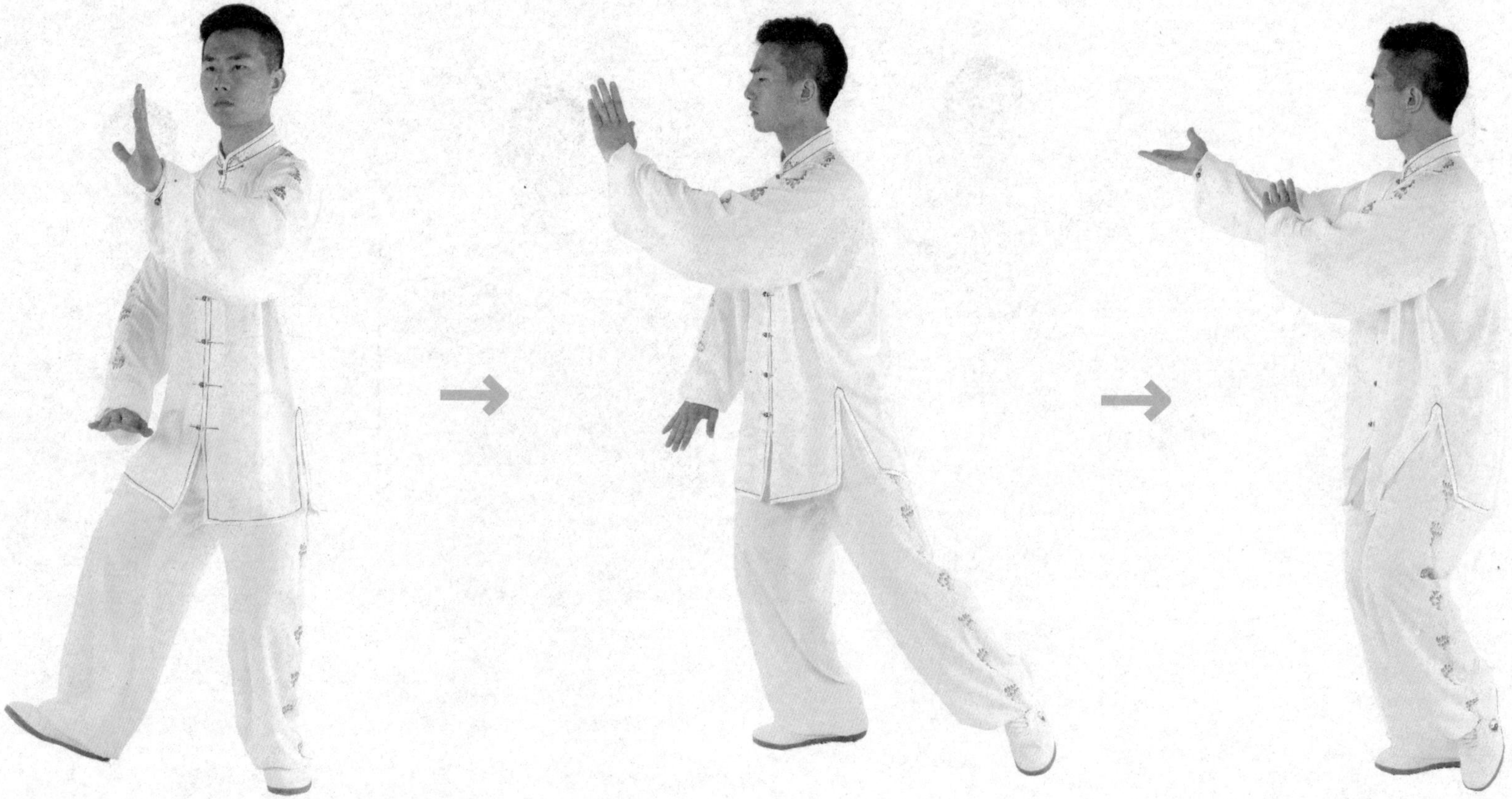

三　身体右转，右腿向右侧跨步，左腿向右腿内侧迈步，脚尖着地，腿微屈。右手沿弧线形路线由下向上划至右肩部外侧，臂微屈，略高于肩，掌心向上；左手抬起，沿弧线形路线由左向上、向右下方划至右胸前，掌心向下；眼睛看右手。

四 上身左转，左脚向前迈出，脚跟着地，然后全脚踏实，左腿弯曲，重心前移至左腿，右腿蹬直。同时右手屈回，由右耳侧向前推出，臂伸直，高与鼻尖平，掌心向外；左手向下由左膝前搂过，落于髋部左侧，臂微屈，掌心向下；眼睛看右手指。

五 身体左转，提左腿向左侧跨步，重心移至左腿上，右腿向左腿内侧迈步，脚尖着地，腿微屈。同时，左手向外翻掌，由左后向上平举，掌心向上；右手随转体沿弧线形路线向左下划至左胸前，掌心向下；眼睛看左手。

六 上身右转，提右脚，右脚向前迈步，脚跟着地后全脚踏实，左腿蹬直，呈右弓步。同时左手屈回，由左耳侧向前推出，臂伸直，手掌指尖约与鼻尖齐高，掌心向外；右手向下经过右膝，落于髋部右侧，臂微屈，掌心向下；平视前方。

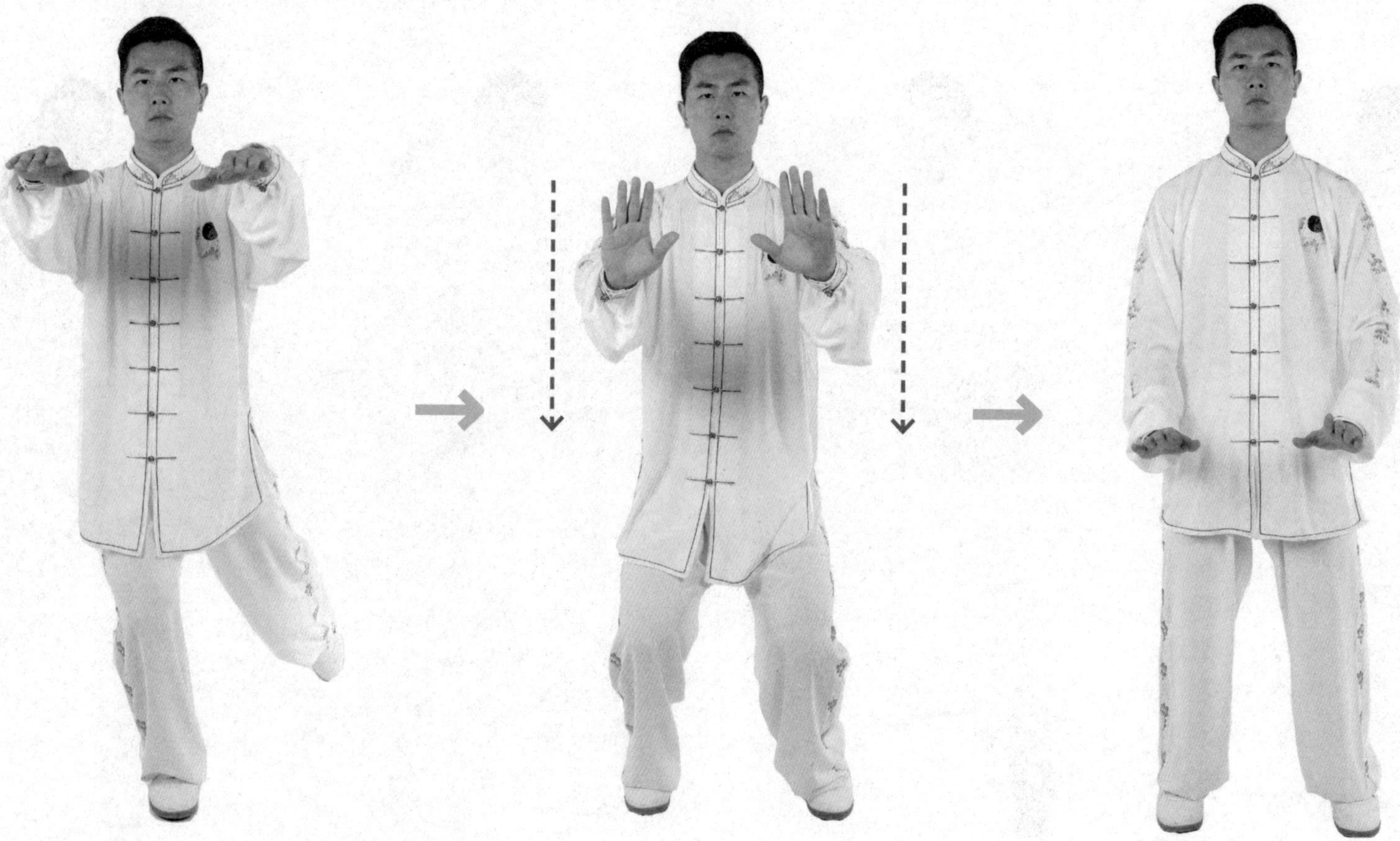

七 双臂慢慢平举于胸前，与肩同宽，掌心向下，缓缓下落。左腿向前迈步，收至距右脚左侧一步处，双腿微蹲，而后呈双脚开立姿势。

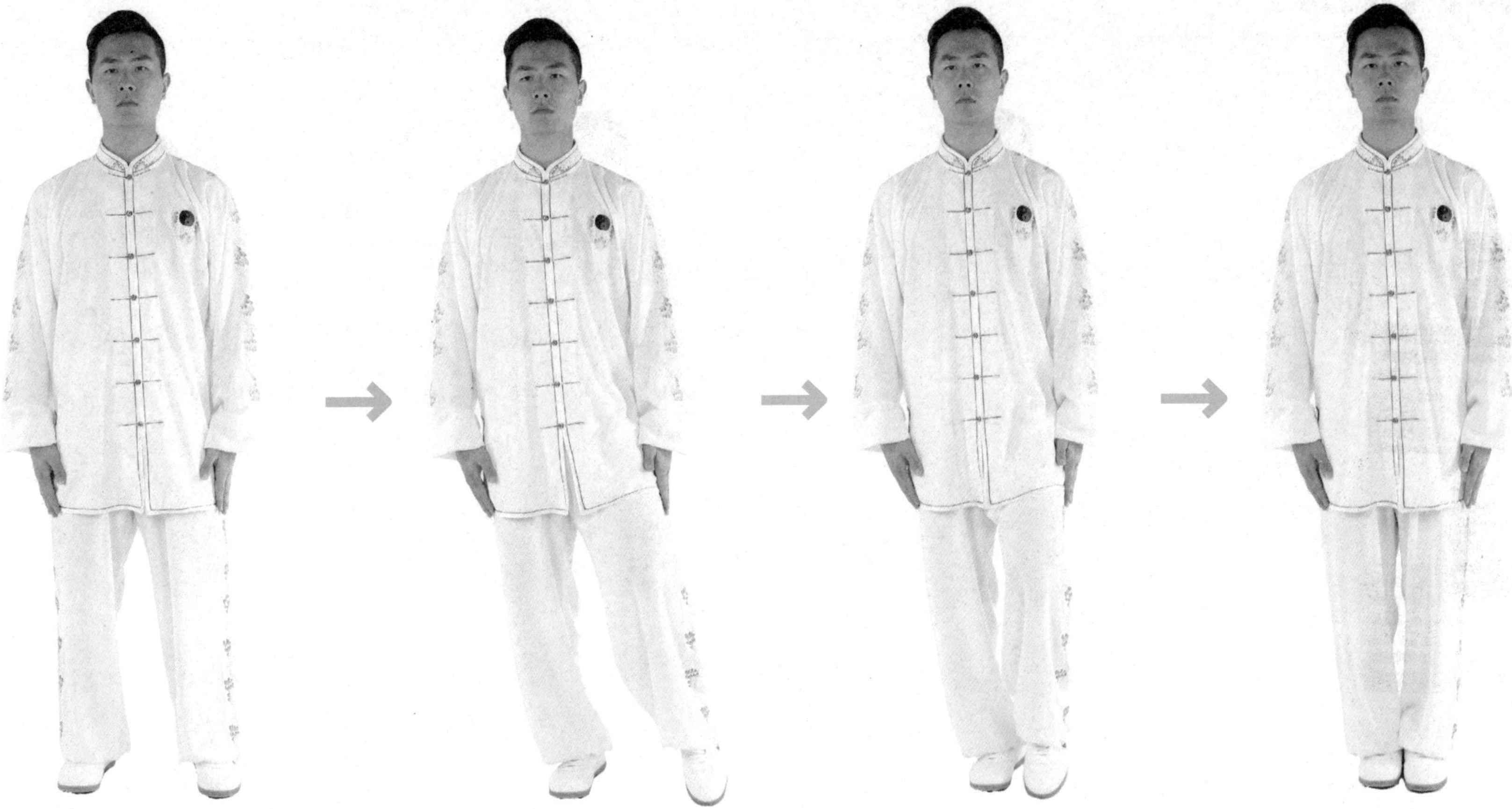

八 双手分别落于大腿外侧，左脚轻轻提起与右脚并拢，前脚掌先着地，随后全脚踏实，恢复预备姿势，平视前方。

倒卷肱

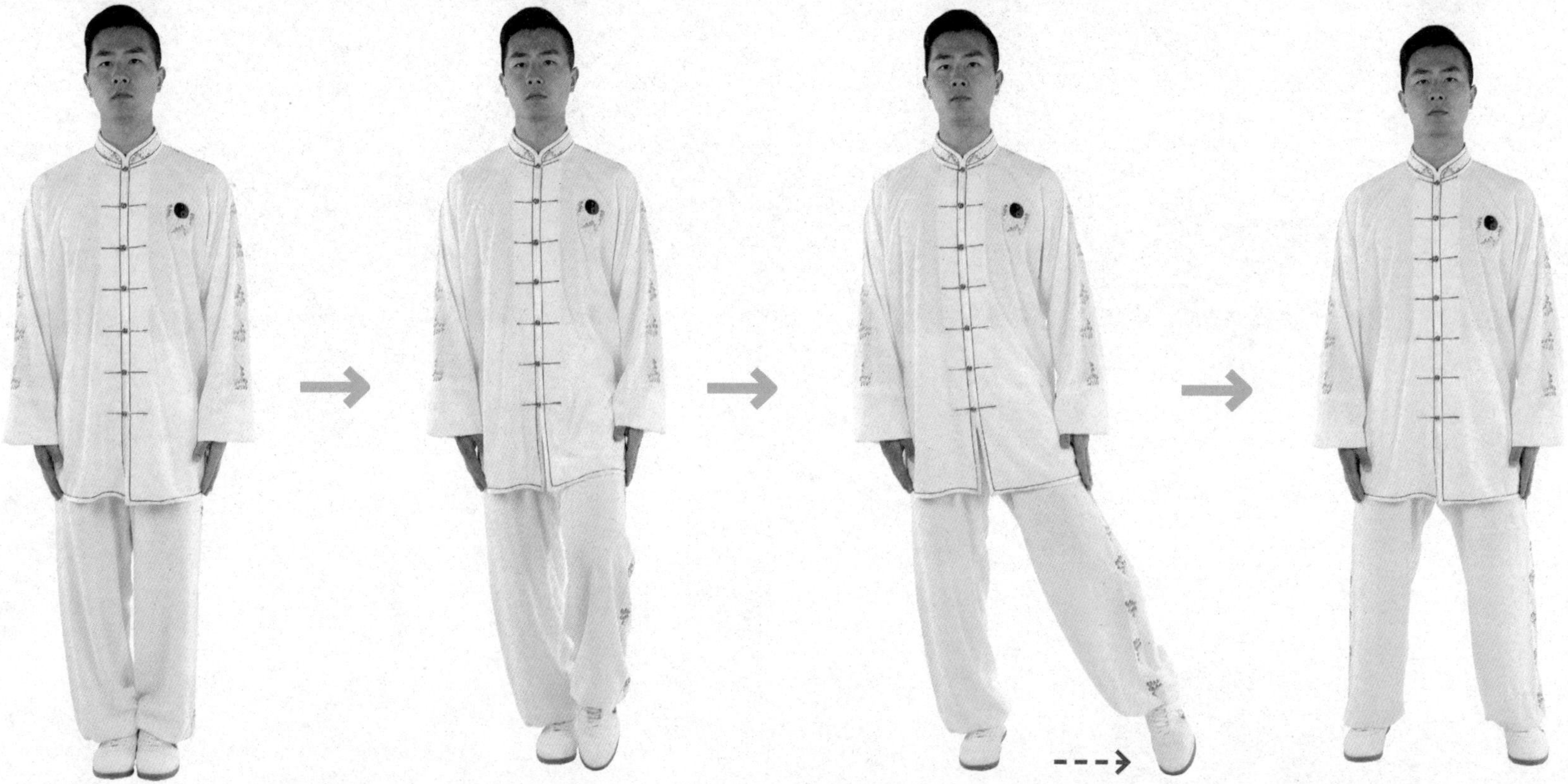

一 身体自然直立，双脚并拢，双臂自然下垂，双手分别放在大腿外侧，平视前方。左脚抬起向左侧迈出大约一步距离，呈双脚开立姿势。

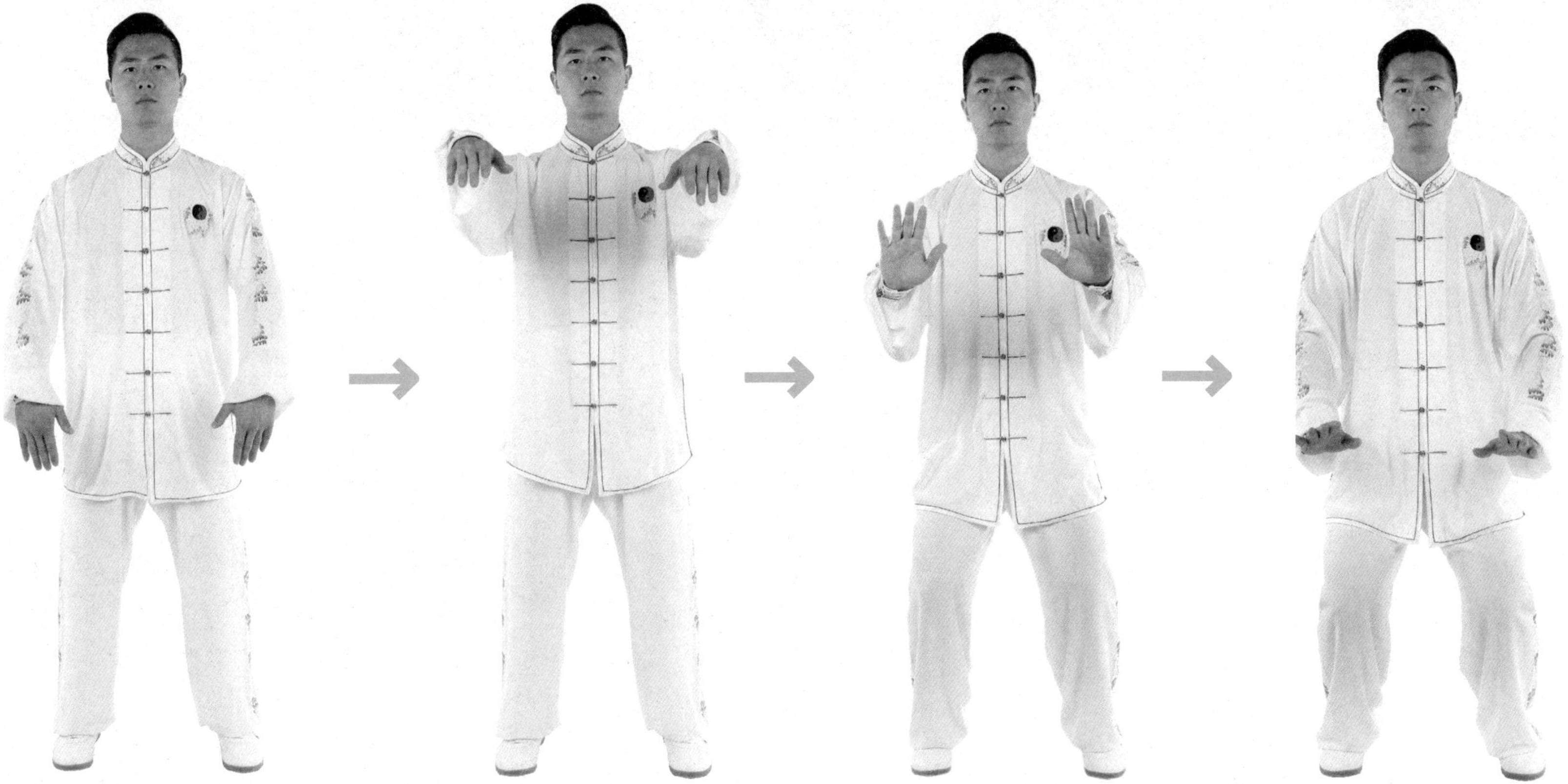

二 双臂慢慢向前平举，双手与肩同高，与肩同宽，掌心向下。上身保持正直，双腿屈膝下蹲；同时双掌轻轻下落，落至髋部，指尖向前，掌心向下，平视前方。

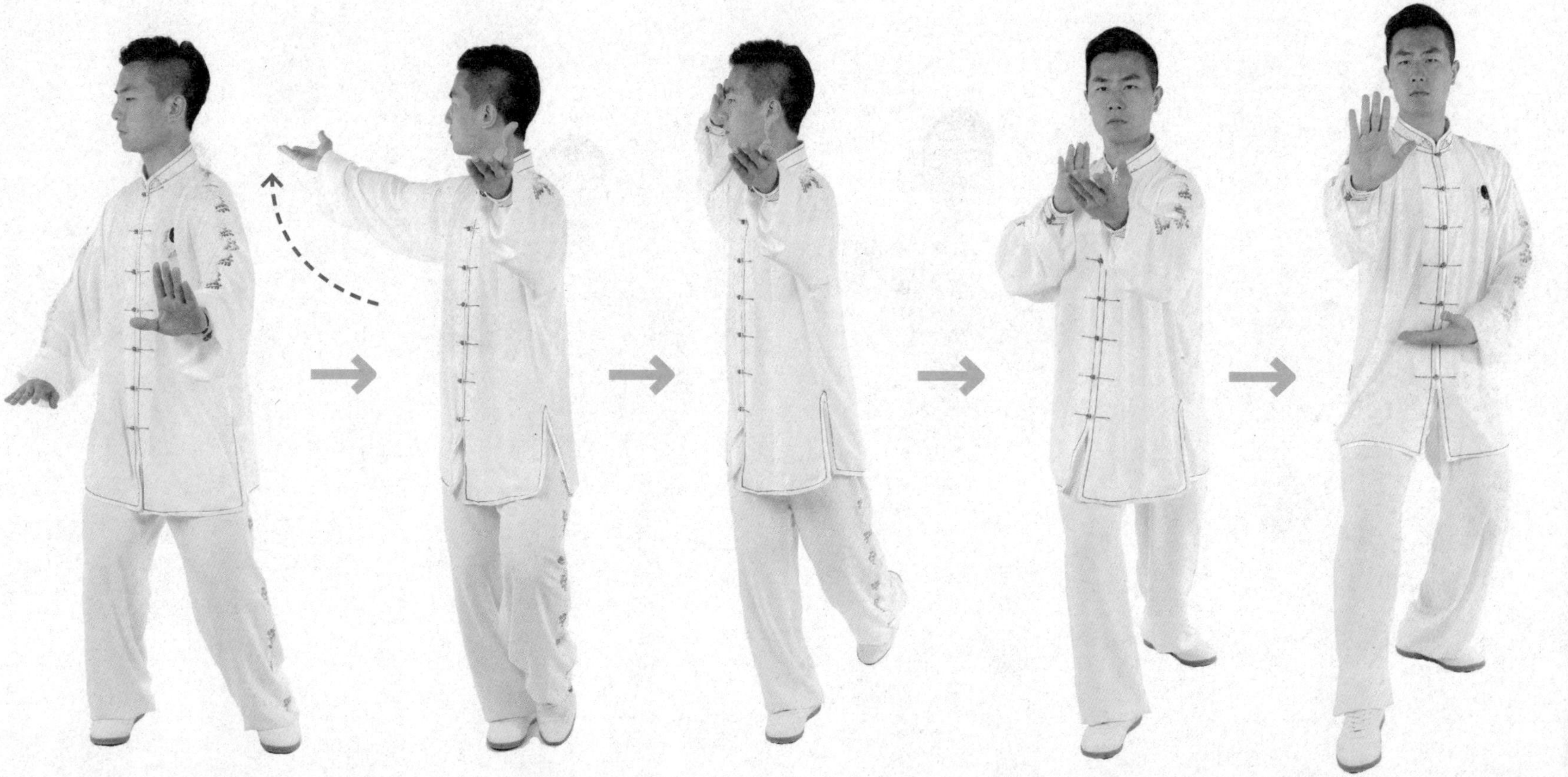

三 上身右转，右手翻掌（掌心向上）沿弧线形路线经腹前由下向后上方划至平举，臂微屈，同时左手翻掌向上。右臂屈肘回收，右手经由右耳侧向前方推出，掌心向前；同时左脚向后方蹬地，脚尖着地，而后全脚踏实。右掌继续向前推，左掌收至左侧髋部位置，同时眼睛随着向右转体先向右看，再转向前方看右手。

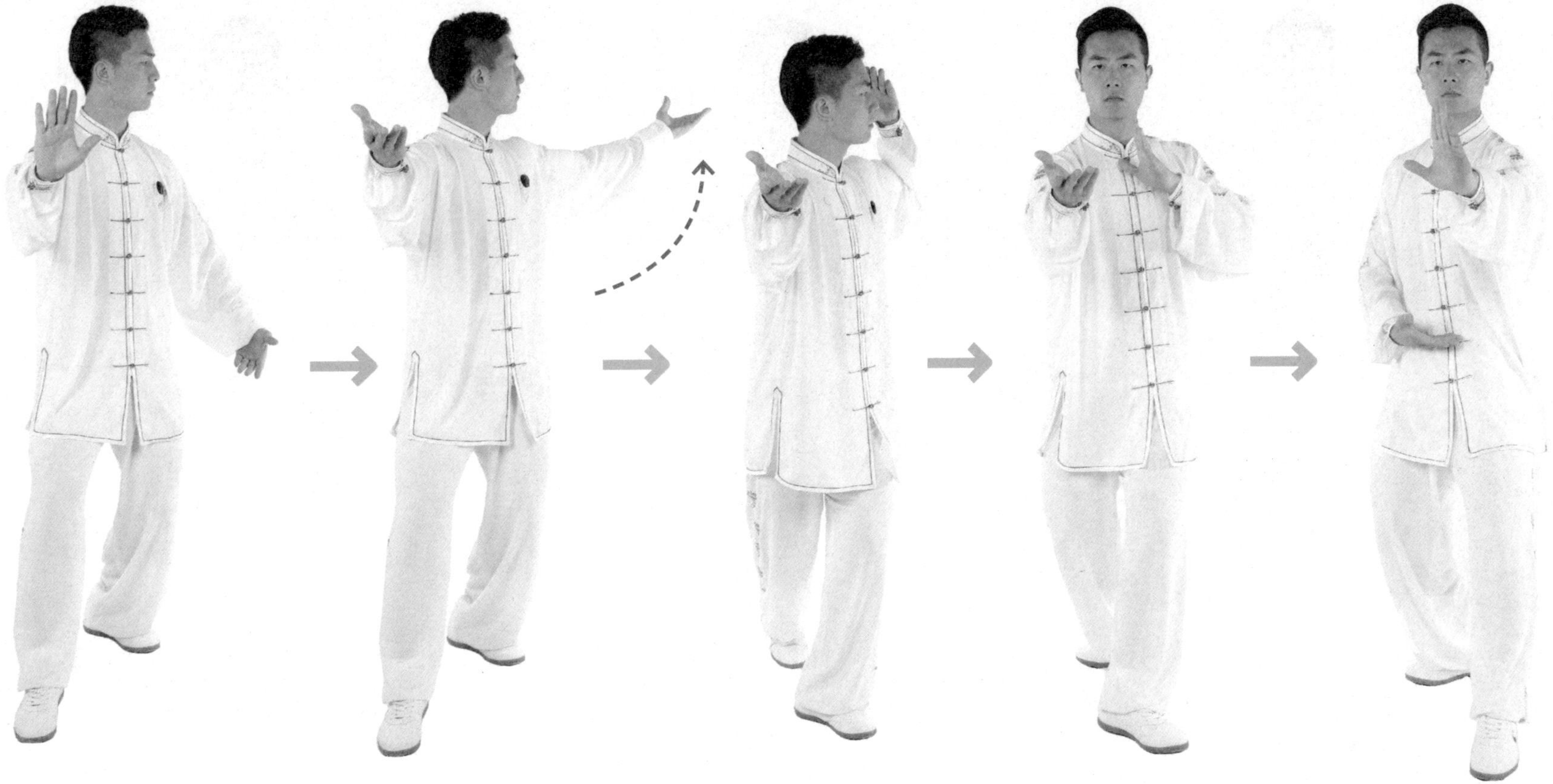

四 上身左转，左手翻掌（掌心向上）沿弧线形路线经腹前由下向后上方划至平举，臂微屈，同时右手翻掌向上。左臂屈肘回收，左手经由左耳侧向前方推出，掌心向前；同时右脚向后方蹬地，脚尖着地，而后全脚踏实。左掌继续向前推，右掌收至右侧髋部位置，同时眼睛随着向左转体先向左看，再转向前方看左手。

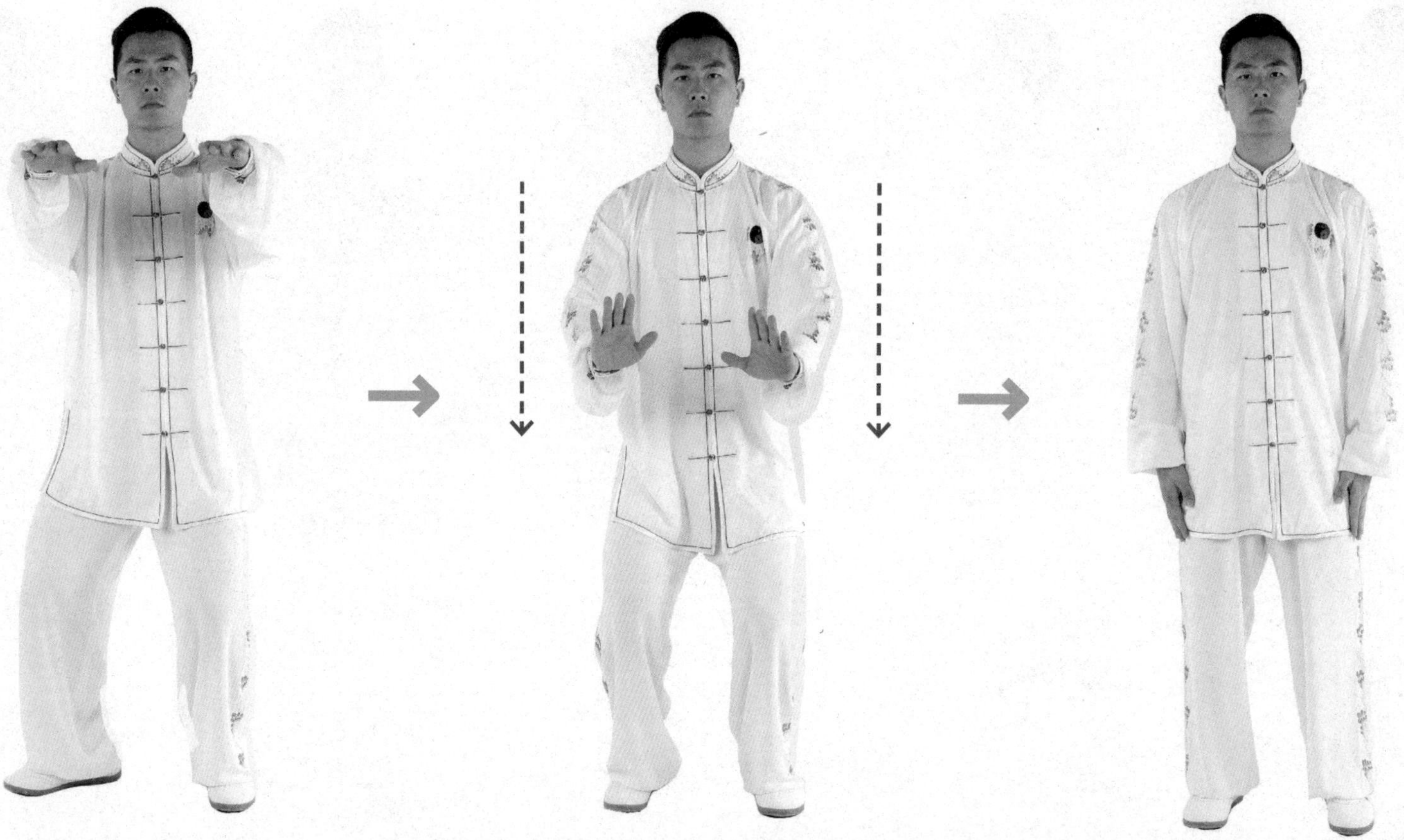

五 双臂慢慢平举于胸前，与肩同宽，掌心向下。同时右腿向后蹬地，收至距左脚右侧一步处，双腿微蹲，双臂缓缓下落，而后呈双脚开立姿势。

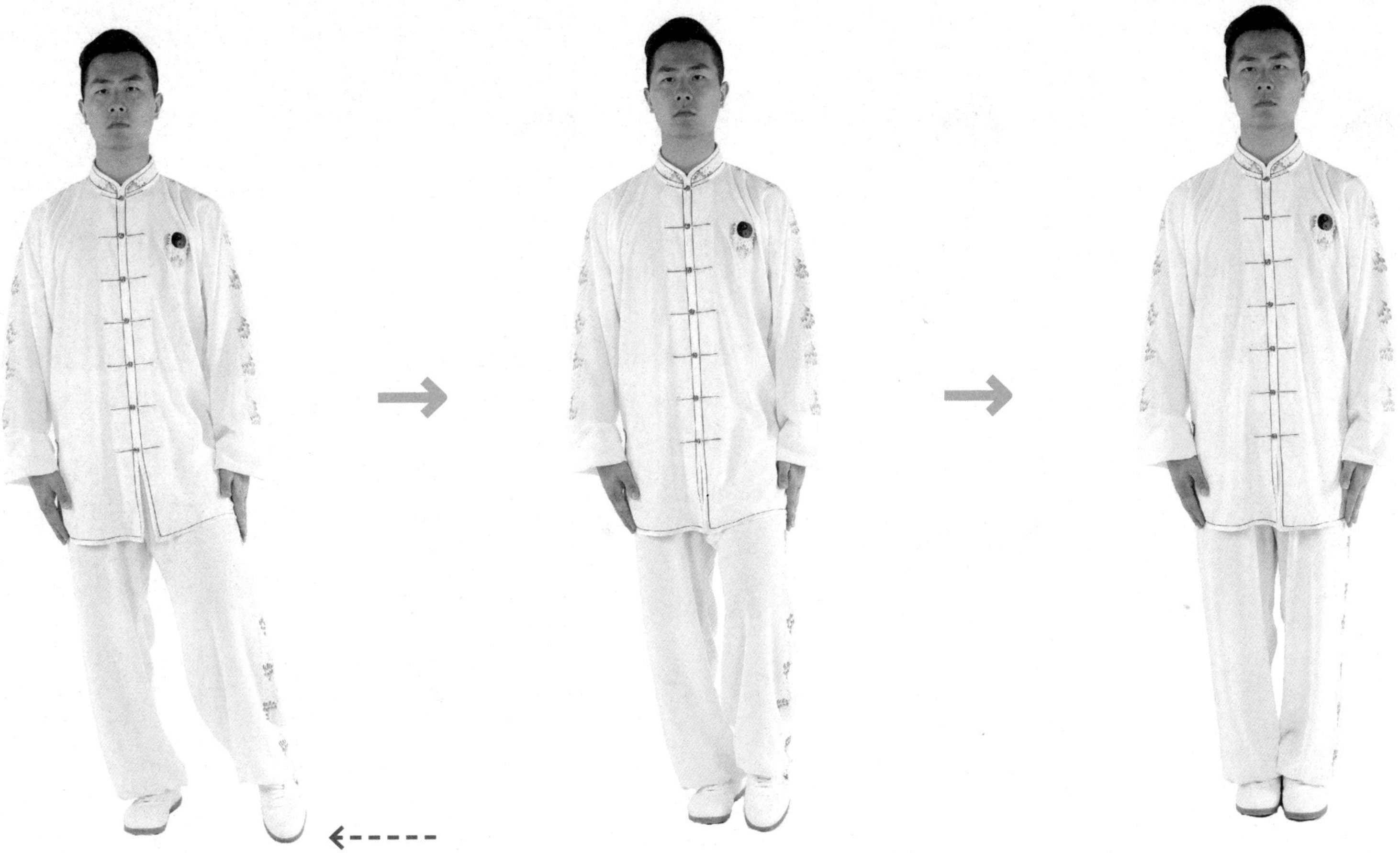

六 双手分别落于大腿外侧，左脚轻轻提起与右脚并拢，前脚掌先着地，随后全脚踏实，恢复预备姿势，平视前方。

左右穿梭

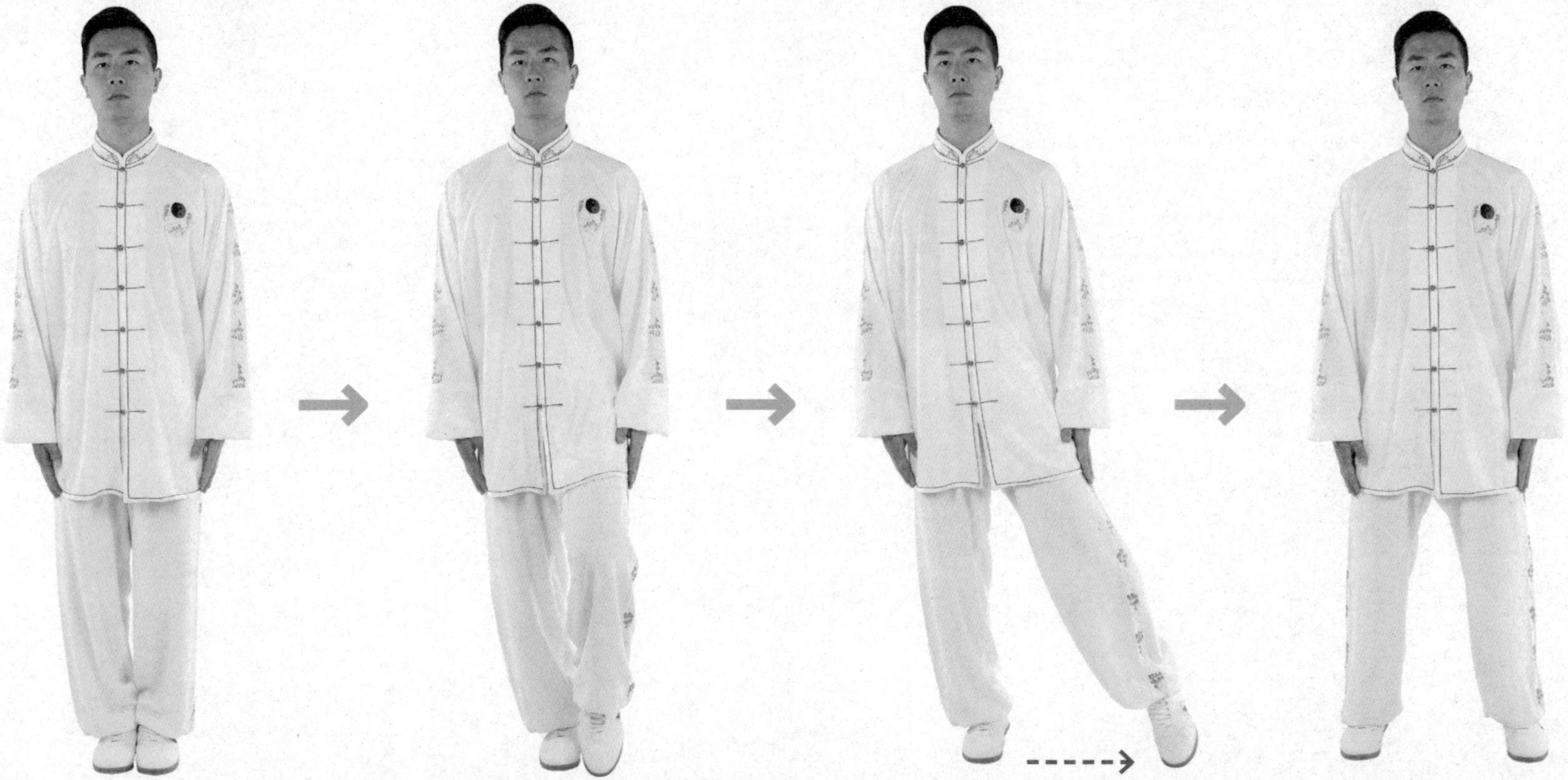

一 身体自然直立，双脚并拢，双臂自然下垂，双手分别放在大腿外侧，平视前方。左脚抬起向左侧迈出大约一步距离，呈双脚开立姿势。

二 双臂慢慢向前平举，双手与肩同高，与肩同宽，掌心向下。上身保持正直，双腿屈膝下蹲；同时两掌轻轻下落，落至髋部，指尖向前，掌心向下，平视前方。

三 身体稍稍向左转，同时双手在左胸前呈抱球姿势（左上、右下），右腿收至左脚内侧。然后右手沿弧线形路线向上方划至额部右上方，掌心向内，左手向下按压至左肋处，右脚抬起后向右前方蹬腿，脚跟着地。接着右手向下收回，左手向上抬起，双手呈抱球状，右腿再次收至左脚内侧。

四 右手沿弧线形路线向上方划至额前右上方，掌心向内，左手向下按压至左肋处，右脚抬起后向右前方蹬腿，脚跟着地。此时右手翻掌向外，左手经由腹前向前方推掌，左臂微屈前伸，掌心向外，右脚踏实，重心前倾，左腿蹬直。

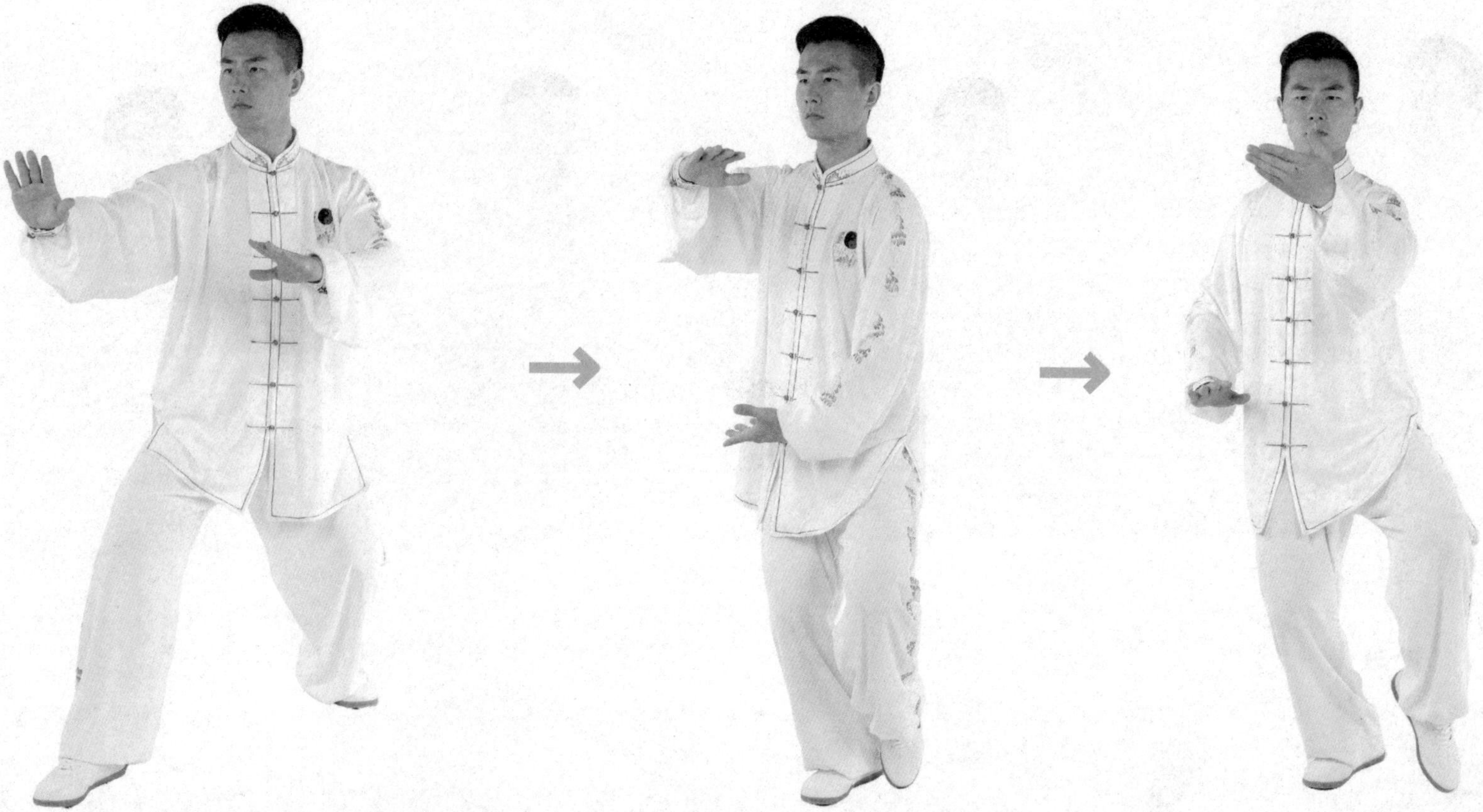

五 身体重心后移，右脚尖略向外撇，重心再移至右腿。左掌收回于胸前，掌心向下；右手向下置于胸前，臂微屈，掌心向外。左脚经由右脚内侧向左前方迈步，右腿微屈，重心在右腿；左右双手翻掌呈抱球姿势（左下、右上）。然后左掌由腹部向左上方送掌，右手向下方按压至右肋处，掌心向下。

六 身体左转，左脚向左前方迈出，右腿屈膝弓腿，左脚脚跟着地，呈左弓步，左脚脚掌踏实，左腿前倾，重心前移，右腿蹬直。左手由脸部前方向上送掌，而后翻掌停在左额前上方，掌心斜向上；右手先向右下再经体前向前推出，约与鼻尖齐高，掌心向前；眼睛看右手。

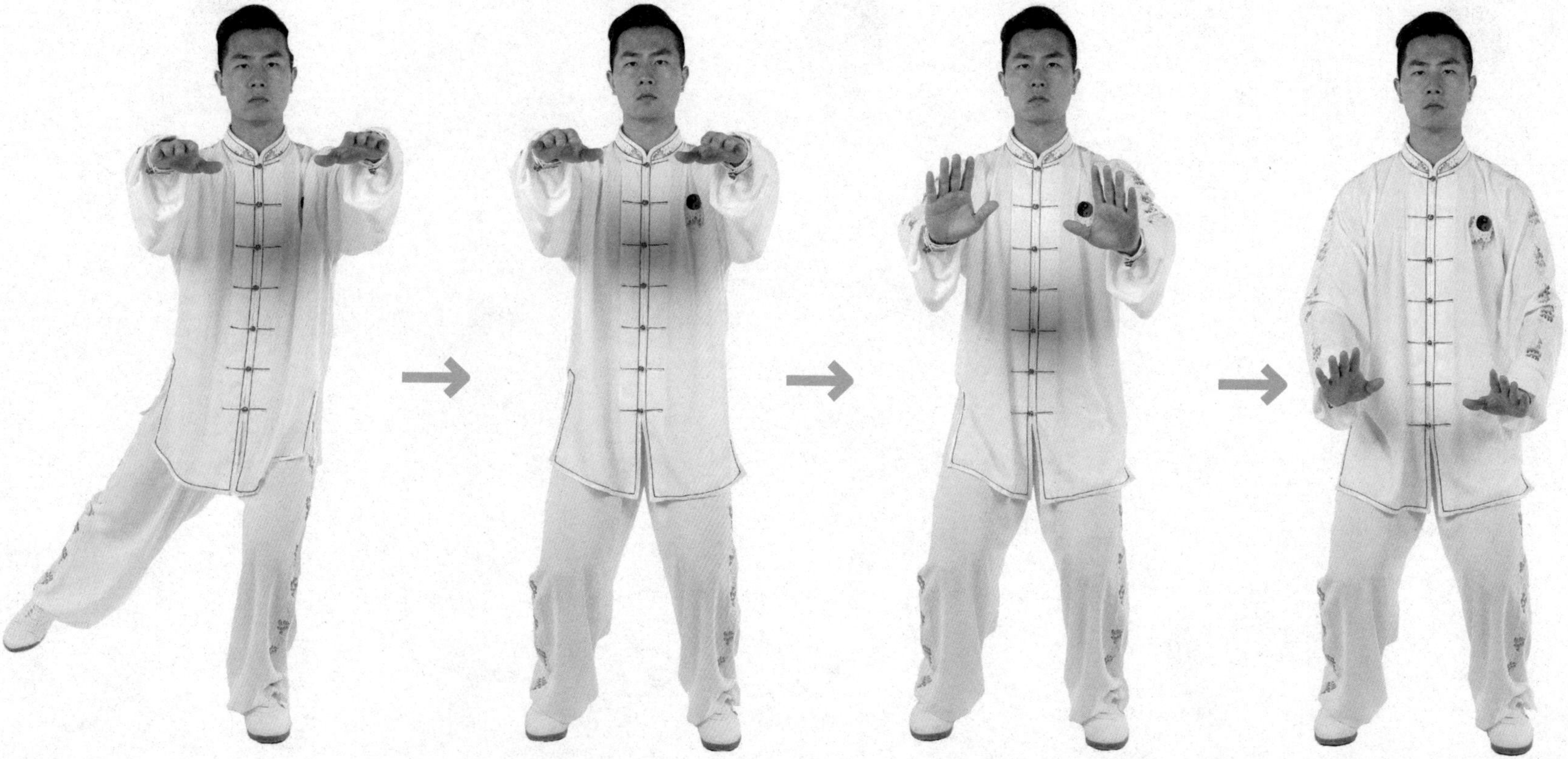

七 双臂慢慢平举于胸前，与肩同宽，掌心向下。右腿向前迈步，收至距左脚右侧一步处。双腿微蹲，双臂缓缓下落。

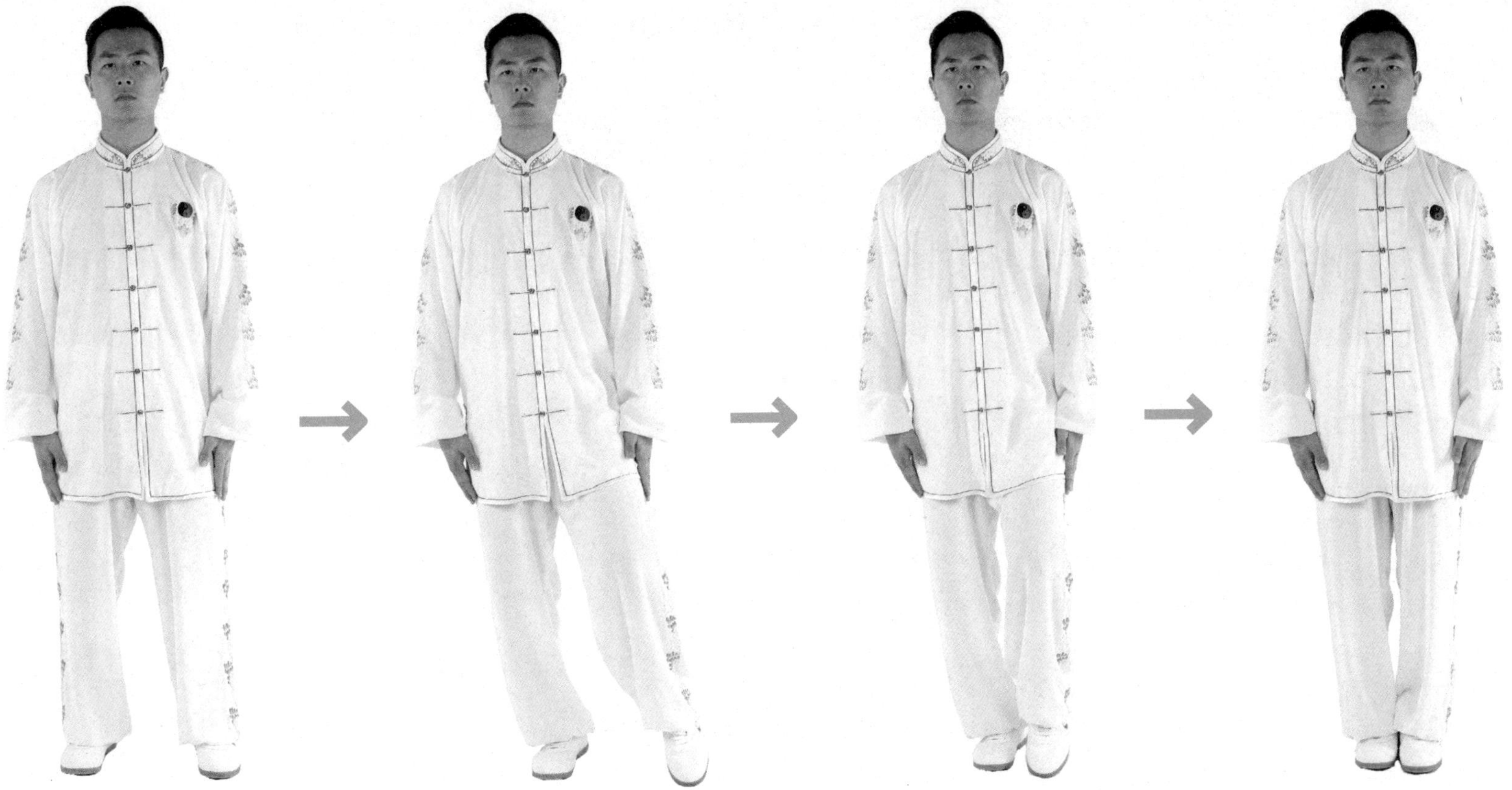

八 双脚开立，双手分别落于大腿外侧，左脚轻轻提起与右脚并拢，前脚掌先着地，随后全脚踏实，恢复预备姿势，平视前方。

搬拦捶

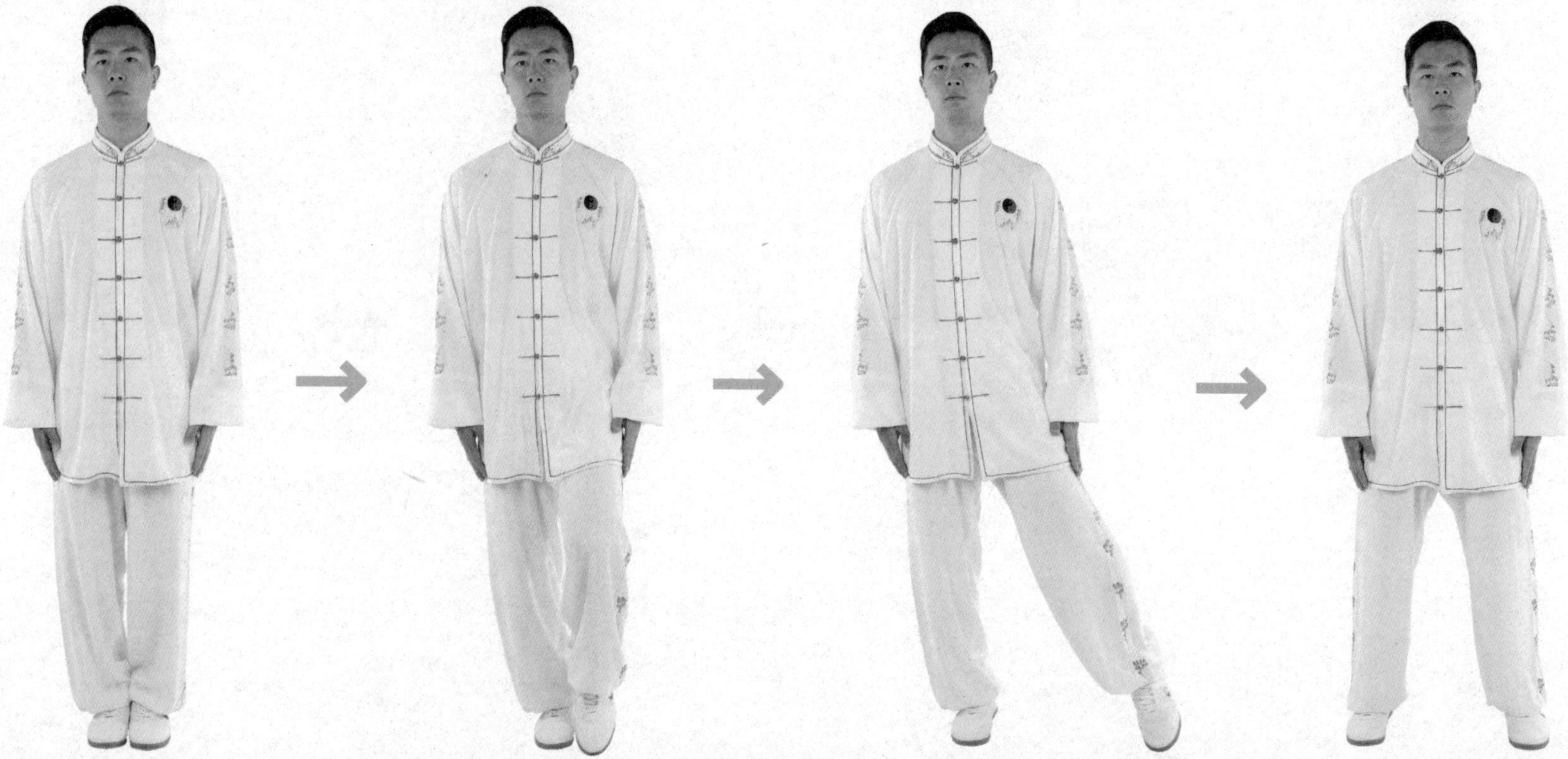

一 身体自然直立，双脚并拢，双臂自然下垂，双手分别放在大腿外侧，平视前方。左脚抬起向左侧迈出大约一步距离，呈双脚开立姿势。

二 双臂慢慢向前平举，双手与肩同高，与肩同宽，掌心向下。上身保持正直，双腿屈膝下蹲；同时双掌轻轻下落，落至髋部，指尖向前，掌心向下，平视前方。

三 身体左转，双臂向两侧打开；左腿向左前倾，身体重心跟随前移，右脚提起向前方迈步，迈至左脚内侧时脚尖向下；同时左手沿弧线形路线向左上方划，再稍稍划向胸前，右手由右下方变拳后向上抬起。

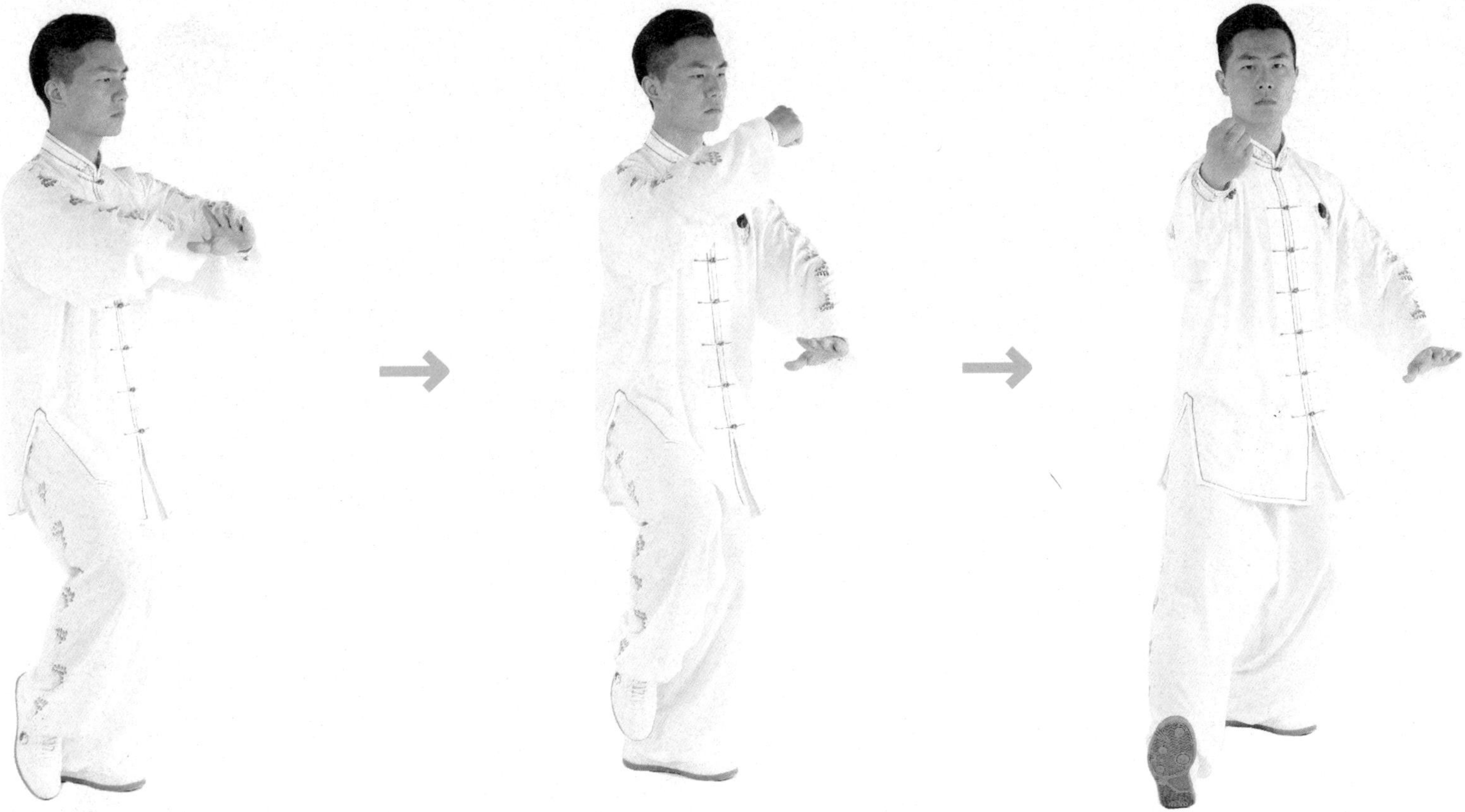

四 右脚向前迈出，右腿伸直，脚跟着地，右脚尖外撇，左腿微屈，重心在左腿。双手在胸前相交，左外右内，左手向下按压至左肋处，掌心向下，右拳向上翻出，臂微屈，拳心向内。

五 身体重心移至右腿，左脚向前迈一步，左腿绷直，脚跟着地；右腿弯曲，重心在右腿。在迈步的同时，左手由下向上抬起，并从身体左侧水平划向身前，掌心向右；右拳由前向后收至右肋旁，翻拳，拳心向内；眼睛看左手。

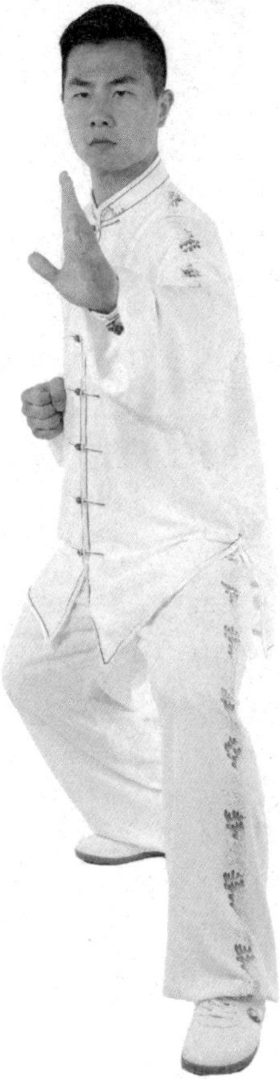

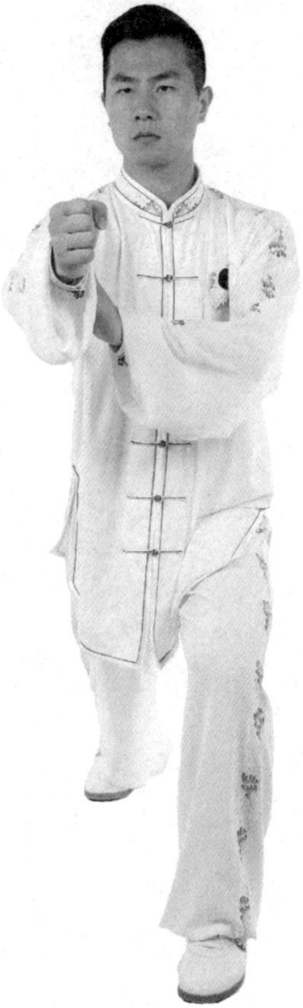

六 左腿向前，脚掌踏实，左腿前弓，身体重心前移，右腿蹬直。右拳向前方打出，同时左掌收回，贴于右臂内侧。

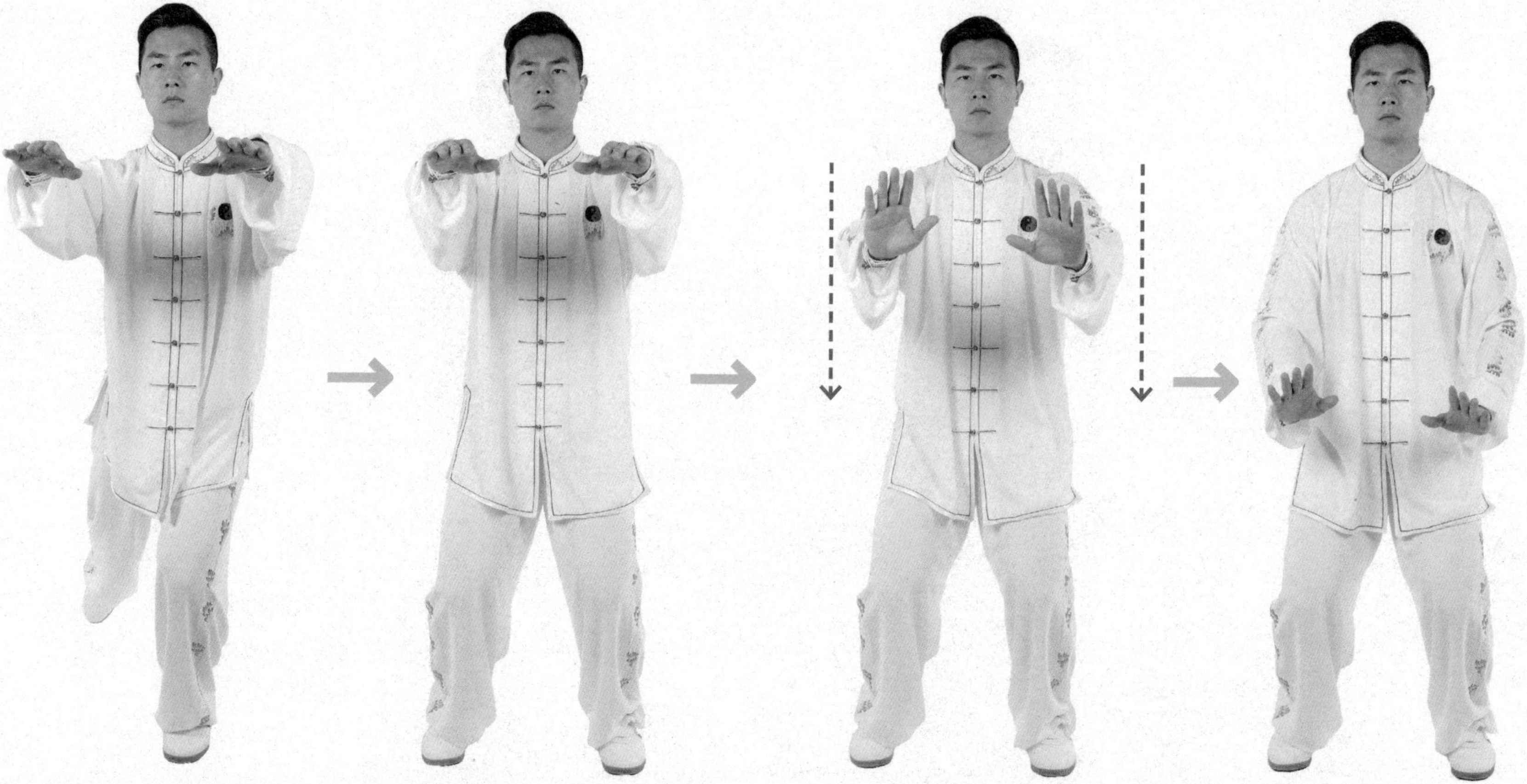

七 左右手分别向身体左右两侧打开。右腿向前迈步，收至距左脚右侧一步处。双臂慢慢平举于胸前，与肩同宽，掌心向下，缓缓下落，双腿微屈。

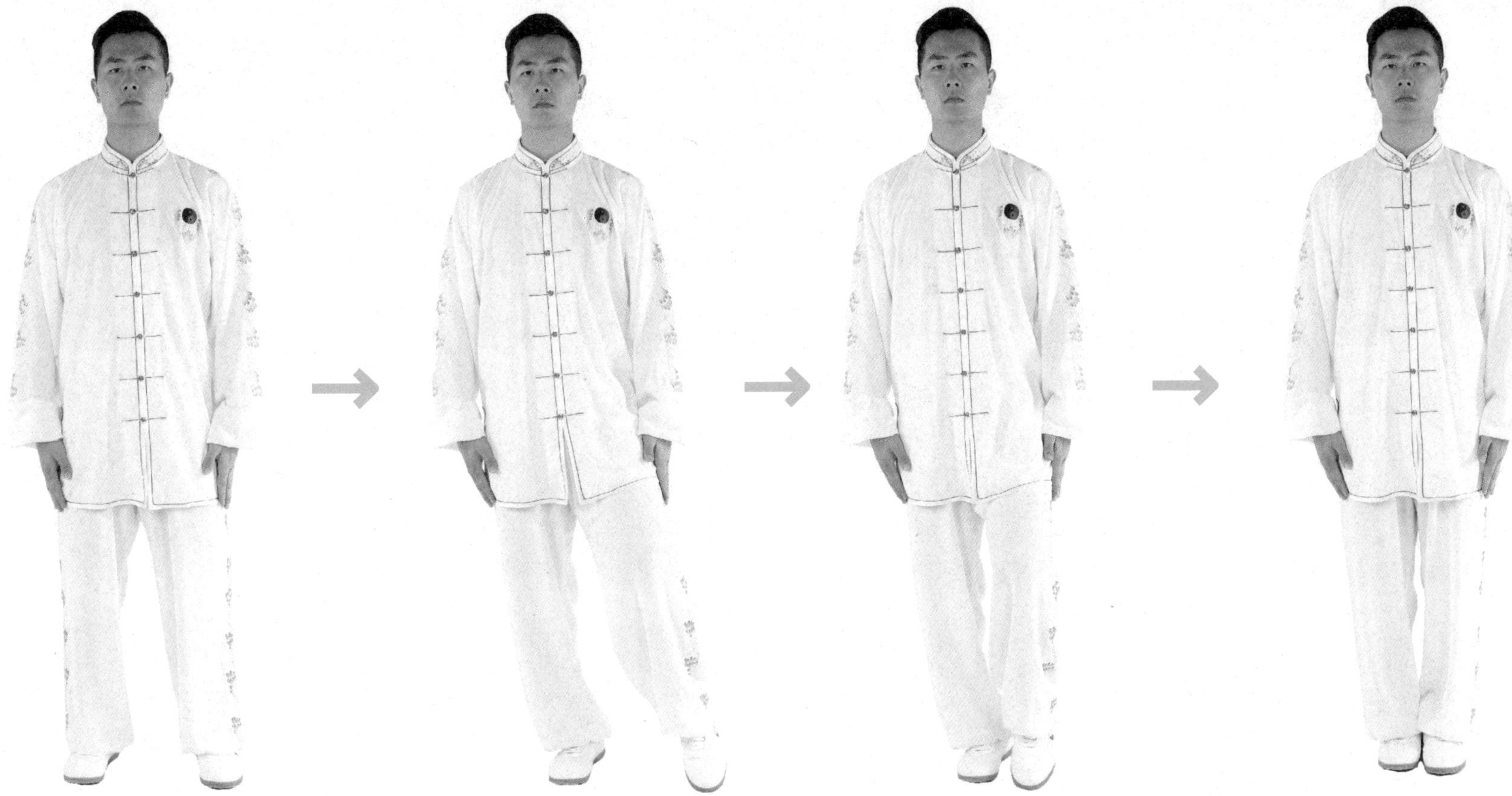

八 双脚开立，双手分别落于大腿外侧，左脚轻轻提起与右脚并拢，前脚掌先着地，随后全脚踏实，恢复预备姿势，平视前方。

左右云手

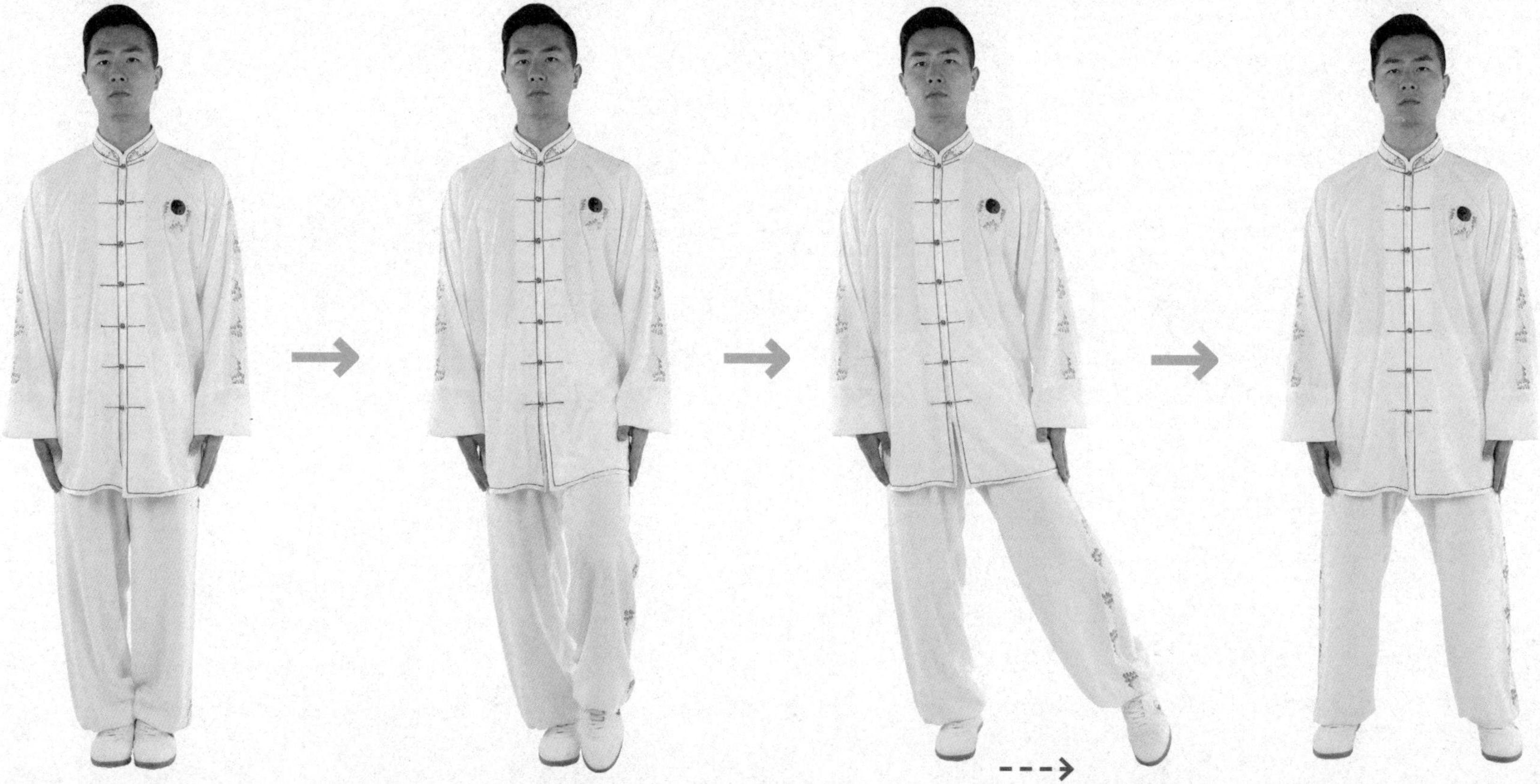

一 身体自然直立，双脚并拢，双臂自然下垂，双手分别放在大腿外侧，平视前方。左脚抬起向左侧迈出大约一步距离，呈双脚开立姿势。

二 双臂慢慢向前平举，双手与肩同高，与肩同宽，掌心向下。上身保持正直，双腿屈膝下蹲；同时双掌轻轻下落，落至髋部，指尖向前，掌心向下，平视前方。

三 左脚先向左侧迈出一步，身体重心转移至右腿。左手翻掌沿弧线形路线经腹前向右上方划至面部前侧，臂微屈，掌心斜向内；同时右手向上抬起至右肩前竖起，继而向右下方压掌。

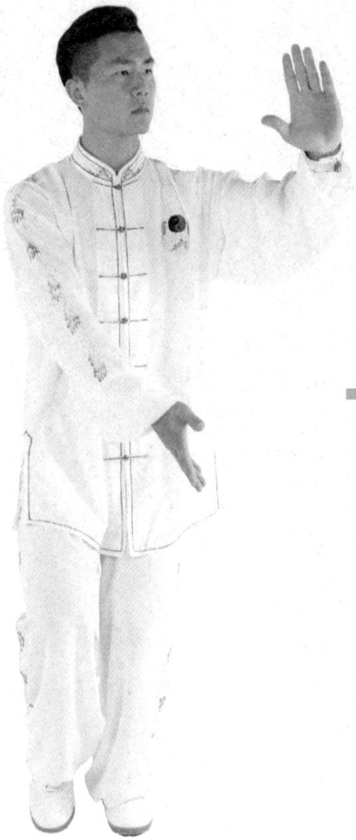

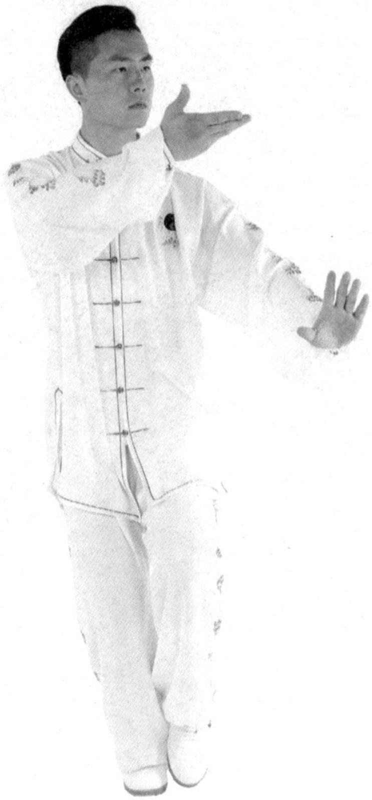

四 身体重心逐渐左移，左腿弯曲，右脚向左脚内侧迈步并拢；左手由面部前方向外侧翻掌前推，掌心向外，臂微屈；右手继续沿弧线形路线由右下方经腹前向左上方划至左肩前。

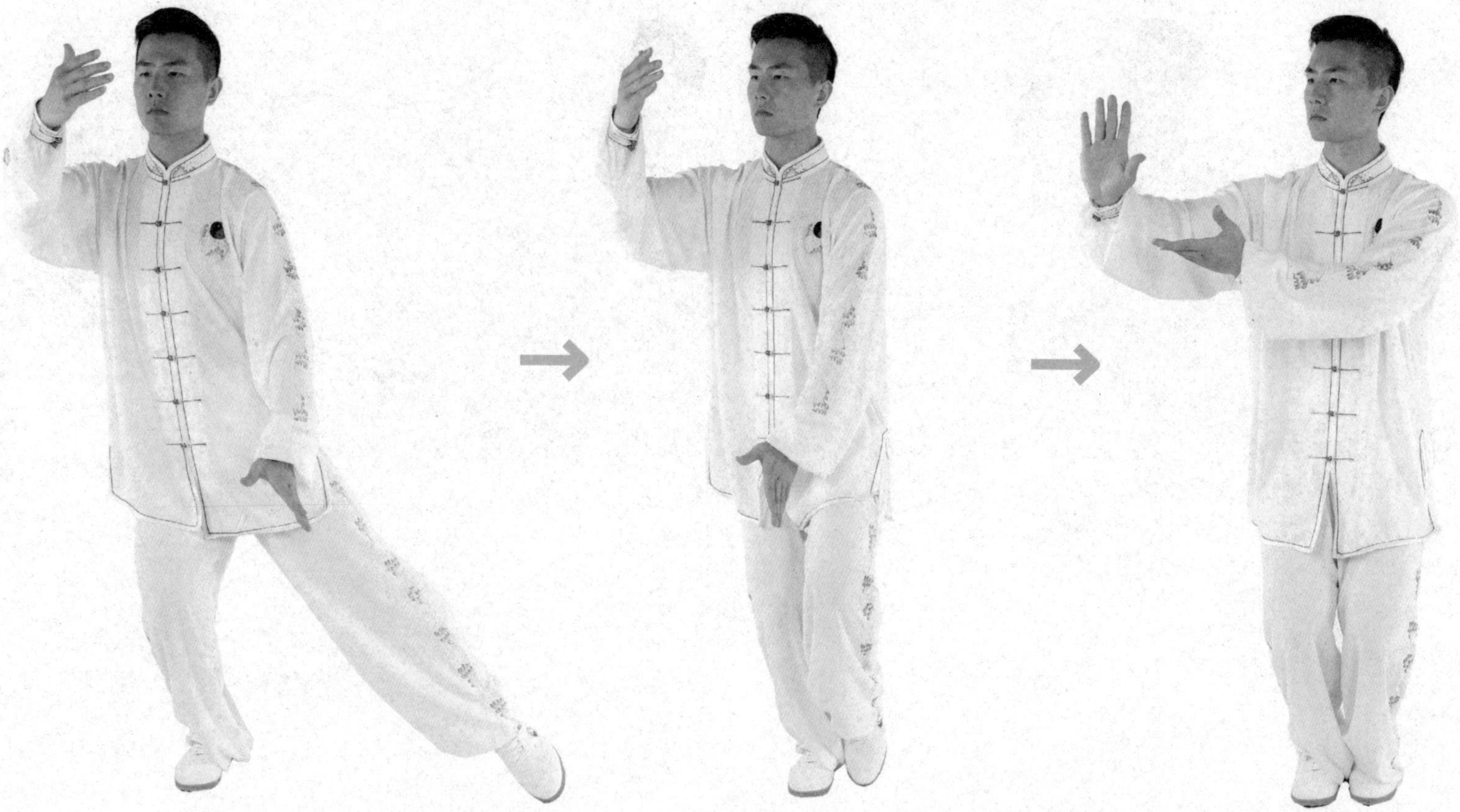

五 上身右转，右腿弯曲，左脚向右脚内侧迈步并拢；右手由面部前方向外侧翻掌前推，掌心向外，臂微屈；左手继续沿弧线形路线由左下方经腹前向右上方划至右肩前。

六 双臂慢慢平举于胸前，与肩同宽，掌心向下。接着双臂缓缓下落，双手分别落于大腿外侧，双脚踩实，恢复预备姿势，平视前方。

第三章

杨氏 24 式太极拳

第一式 起势

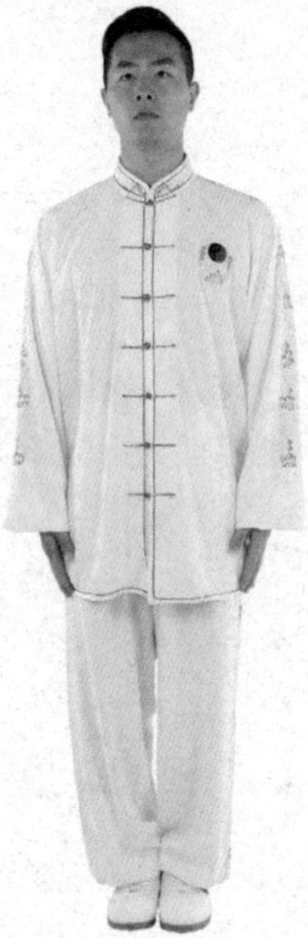

一 双脚并立，双臂垂于体侧，平视前方。

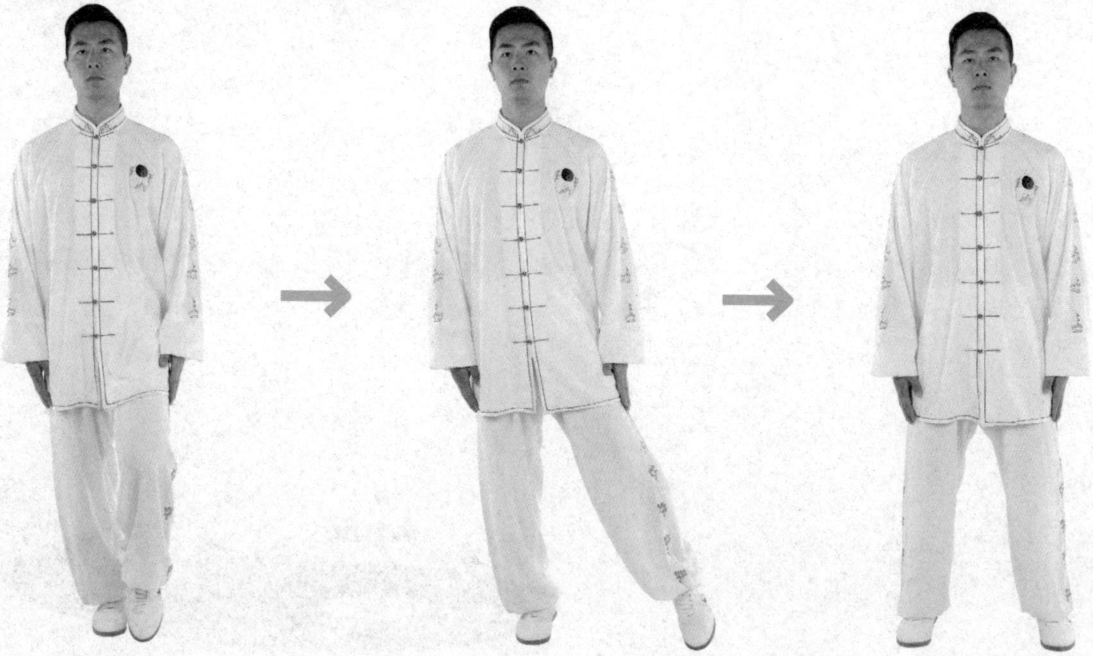

二 左脚抬起向左迈一步，双脚开立。

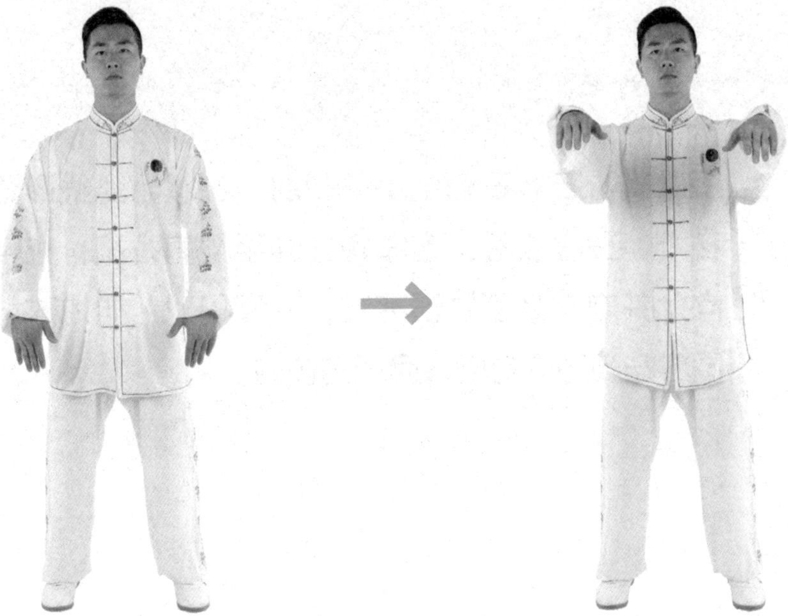

三 双臂向上平举，缓缓升至肩部高度。

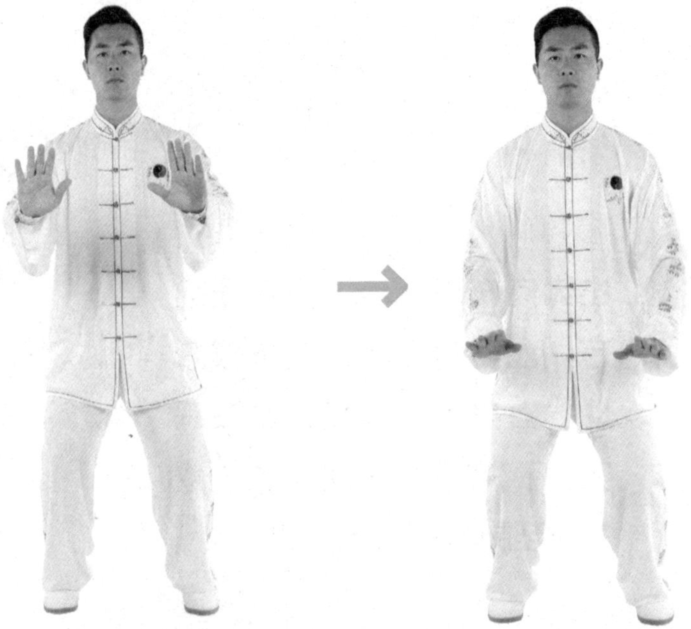

四 双腿屈膝微蹲，双掌缓缓下落至髋部前方，手指朝前，平视前方。

第二式 野马分鬃

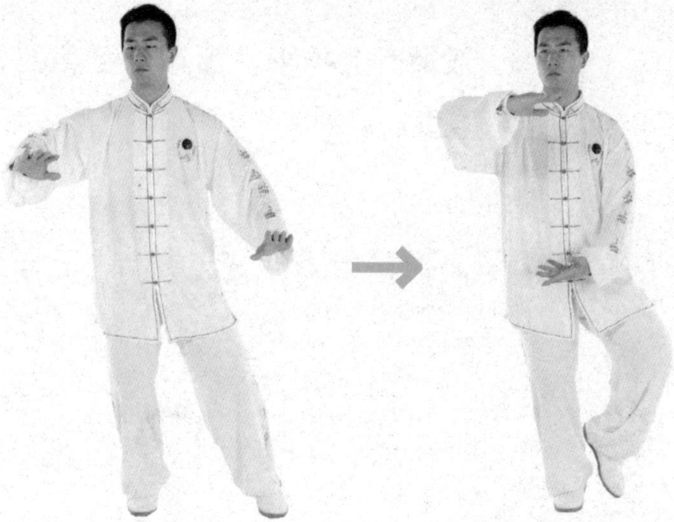

一 接上式。右臂在胸前水平屈肘，左掌沿弧线形路线向左划，重心右移。右掌向左划至与肩齐高，左掌翻掌向上并向右划至髋部前方，双掌相对，如抱球一般。同时左脚贴向右脚，目视右前方。

二 左脚向左迈一步。目视左前方，上身向左转，左脚跟着地。上身保持竖直，左脚踩实，下蹲的同时重心左移，双掌收至胸前。

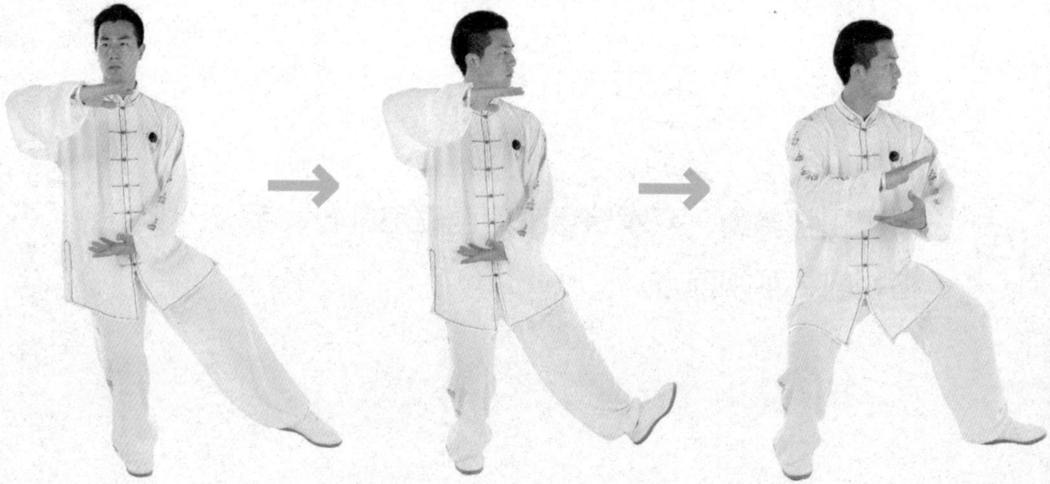

三

左掌向左上方划，右掌向右下方划，重心继续左移。左掌上划至与颈齐高，右掌下划至腰侧，指尖朝前，双肘稍稍屈曲，目视左掌。右腿支撑身体，重心后移，左脚跟着地。

四

重心前移，左脚外旋并踩实地面，上身向左转，整体呈左弓步姿势。左臂水平屈肘，左手翻掌向下，右手翻掌向上并沿弧线形路线划至髋部前方，双掌相对，如抱球一般。同时右脚贴向左脚，目视前方。

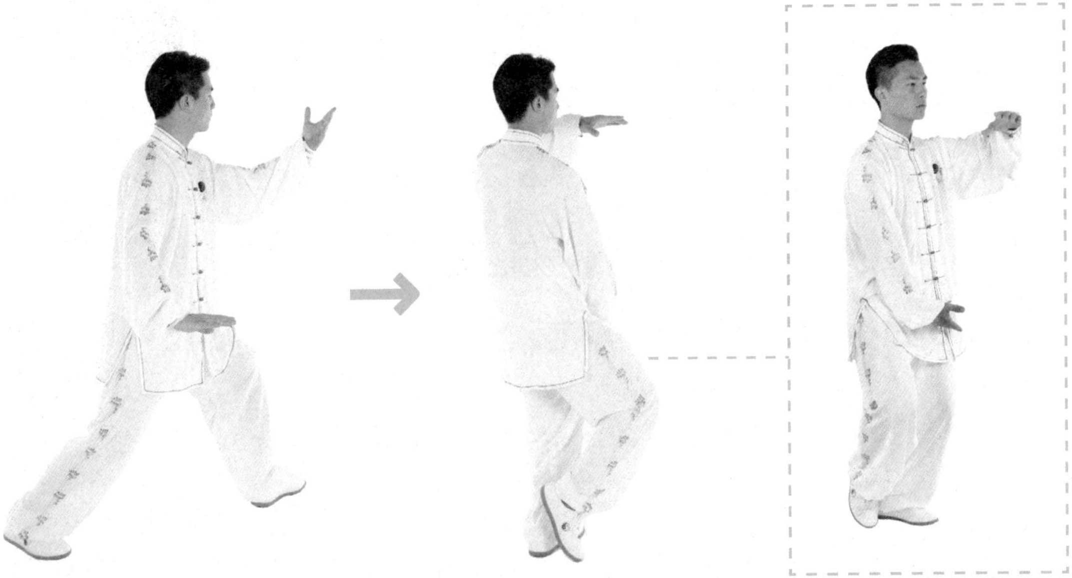

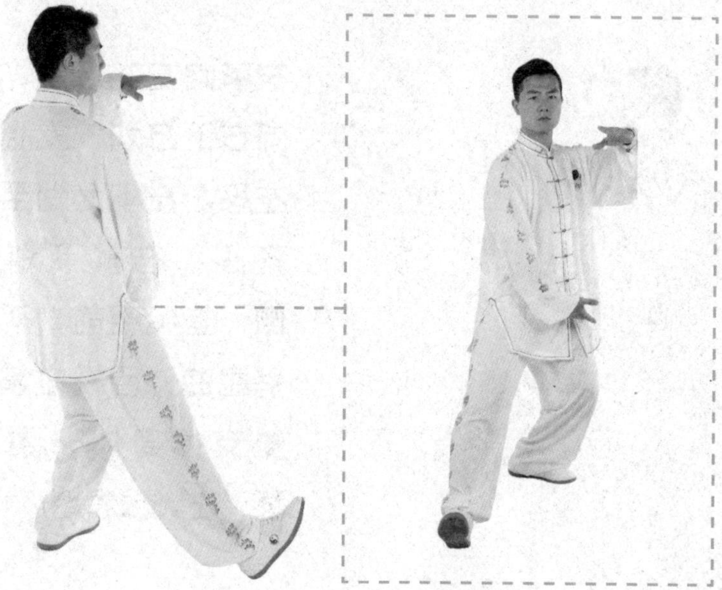

五 右脚抬起，向右迈一步，脚跟着地。

六 上身保持竖直，右脚踩实，下蹲的同时重心右移，双掌收至胸前。

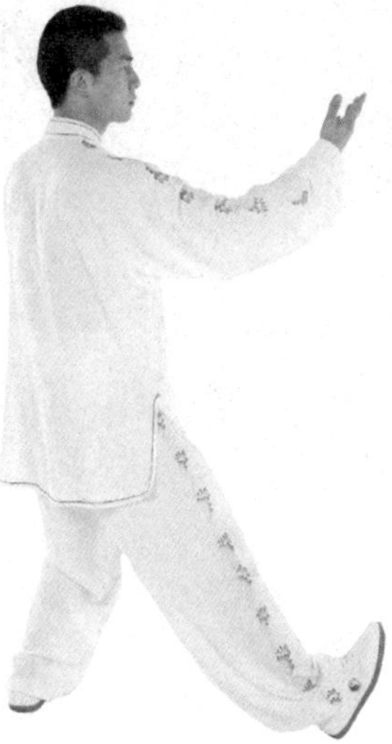

七 左掌向左下方划，右掌向右上方划，重心继续右移。左腿支撑身体，重心后移，右脚跟着地。

八 重心前移，右脚外旋并踩实地面，上身向右转，整体调整为右弓步姿势。重心继续前移，左脚跟抬起，左掌划向腹部前方，目视右掌。

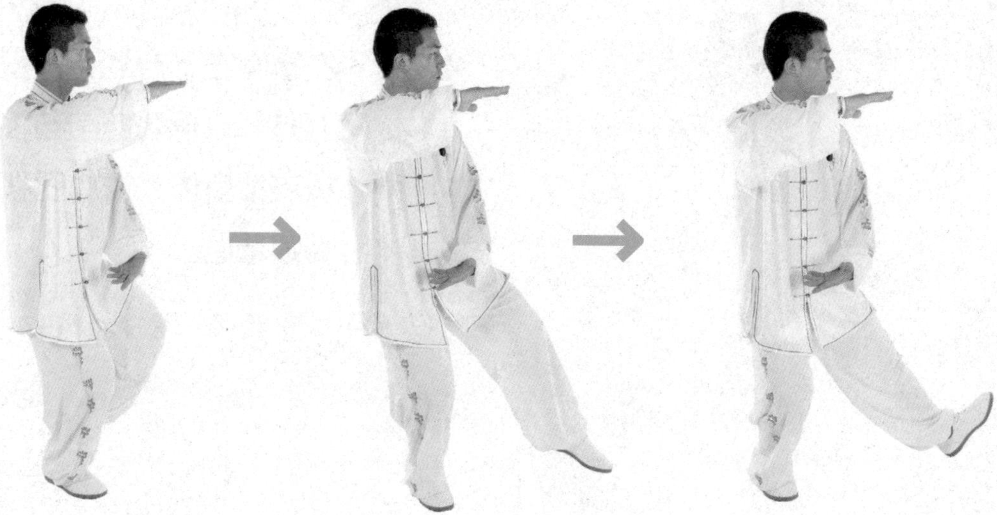

九 右臂水平屈肘，右手翻掌向下，左手翻掌向上，双掌相对，如抱球一般。同时左脚贴向右脚。左脚向前迈，左脚跟着地。

十 上身保持竖直，左脚踩实，下蹲的同时重心左移，双掌收至胸前。左掌向左上方划，右掌向右下方划，重心继续左移。左掌上划至与颈齐高，右掌下划至腰侧，双肘稍稍屈曲，目视左掌。

第三式 白鹤亮翅

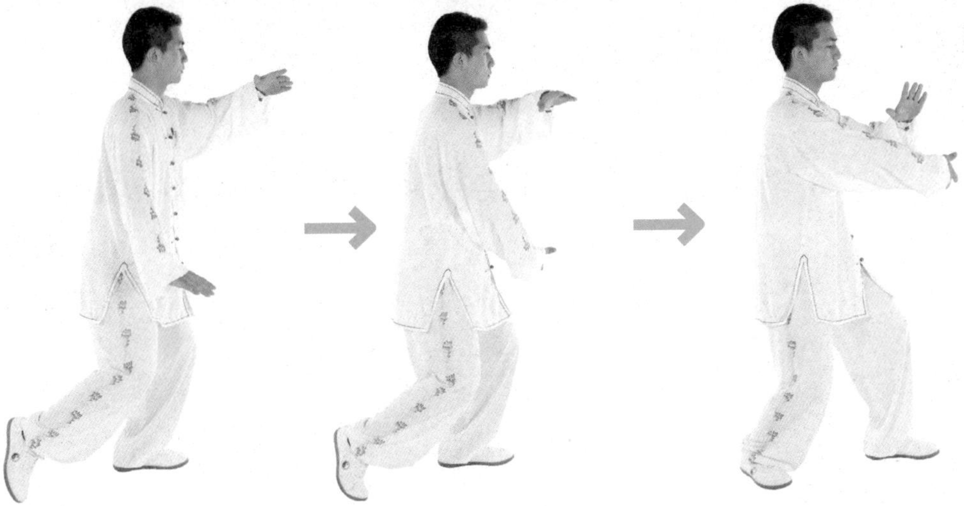

一

接上式。左掌向下翻，左臂水平屈肘，右掌沿弧线形路线向左上方划，双掌相对，如抱球一般，目视左掌。右脚向左脚靠近，直至双脚间隔约一只脚长的距离，右脚尖着地。右脚踩实，重心后移，右掌向上翻并沿弧线形路线经胸前向左上方划。

二

左掌搭向右臂内侧，重心后移，左脚尖着地，整体调整为左虚步姿势。上身稍稍向右转，右掌沿弧线形路线向头部右上方划，左掌搭于右臂内侧。上身向左转，左掌沿弧线形路线向左下方按压，目视前方。

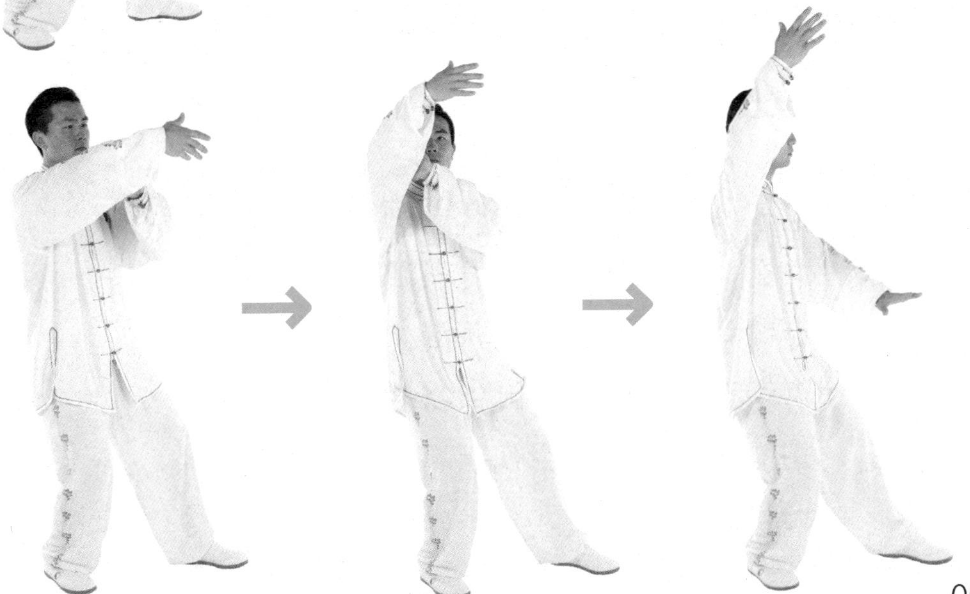

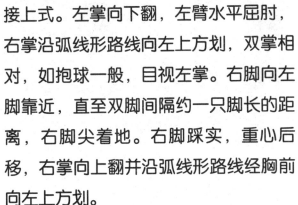

第四式 搂膝拗步

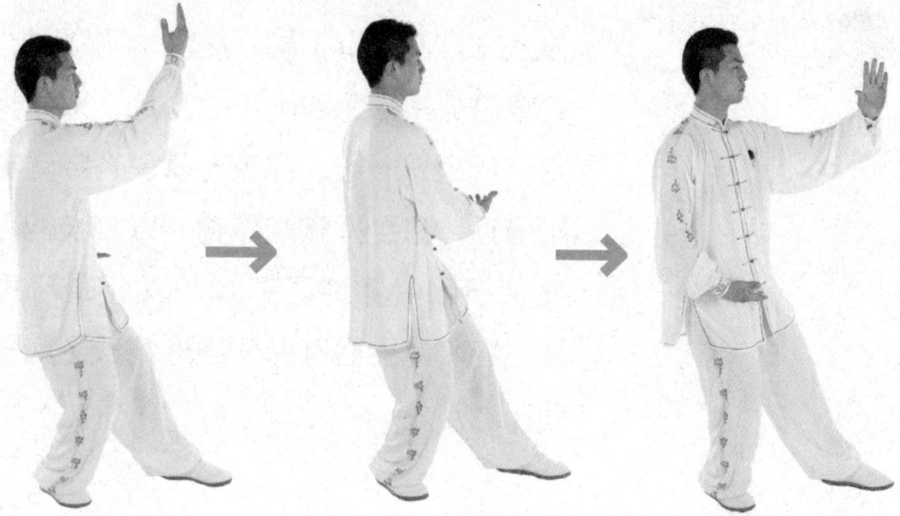

一 接上式。上身稍稍向左转，左掌向左移，右掌在身前向下落。右掌下划至髋部前方，左掌向上划至头部高度，同时上身向右转。

二 上身向右转，左臂自头部前方向右、向下摆至约与肩齐高，右臂向上抬至约与肩齐高。左脚向右脚内侧收，脚尖着地。头随身体转动，目视右掌，左脚向左迈一步。

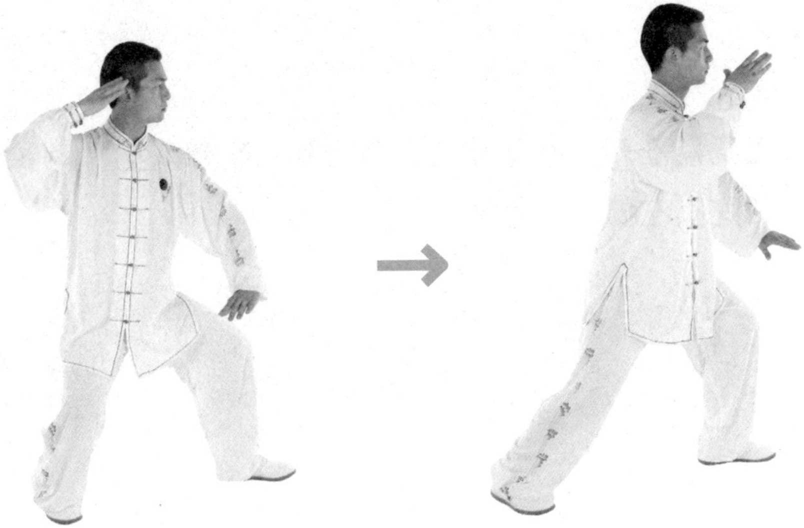

三 重心左移，右掌向右耳位置收，左掌沿弧线形路线向左、向下划至左膝上方。上身向左转，整体调整为左弓步姿势，同时右手逐渐前移，左手略向外打开，手指向前。

四 左手从左膝前面左搂至左侧腰部，指尖朝前；右手立掌向前推，指尖朝上，与鼻子齐高，目视右掌。重心后移，右脚脚跟抬起并向右转，接着左脚以脚跟为轴向左转。

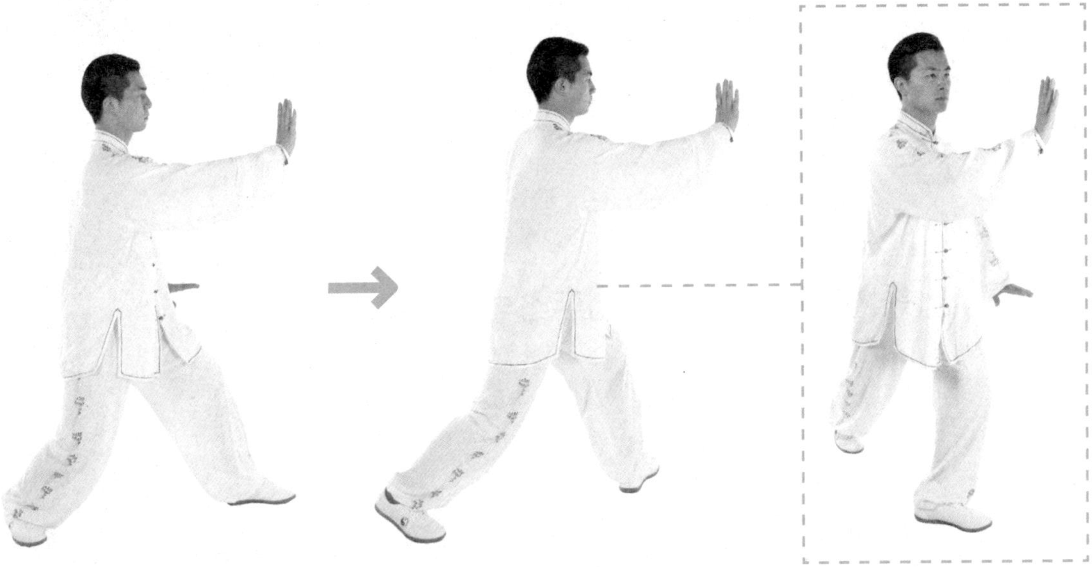

五 上身向左转，右掌向左、向上划，左掌向左、向下划，右脚贴向左脚，脚尖着地。

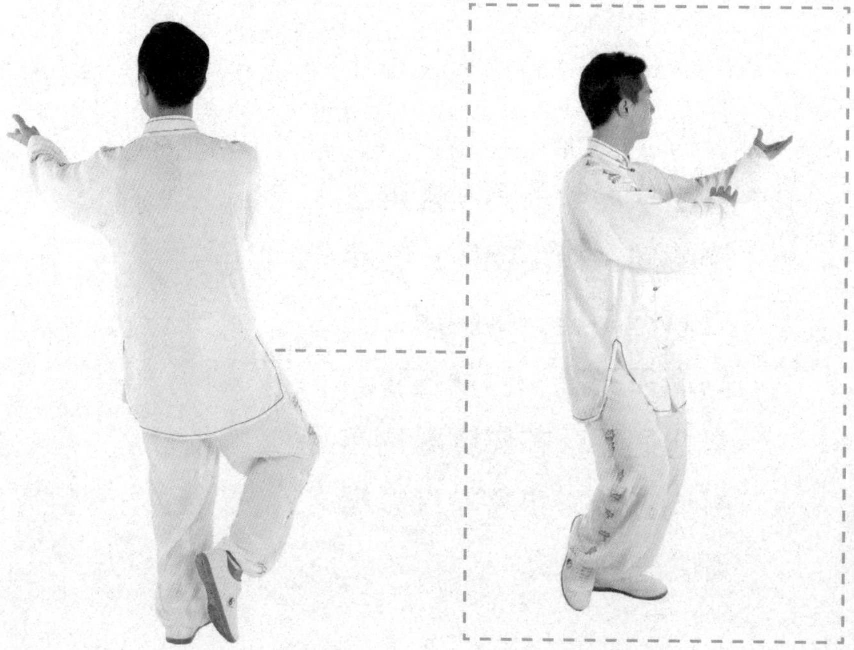

六 上身继续向左转，双掌划至约与肩齐高。

七 上身稍稍向右转，右脚向右迈一步。左掌向上划，右掌向下划。

八 右脚跟轻轻落地，左掌向左耳侧收，右掌继续向下划至髋前。

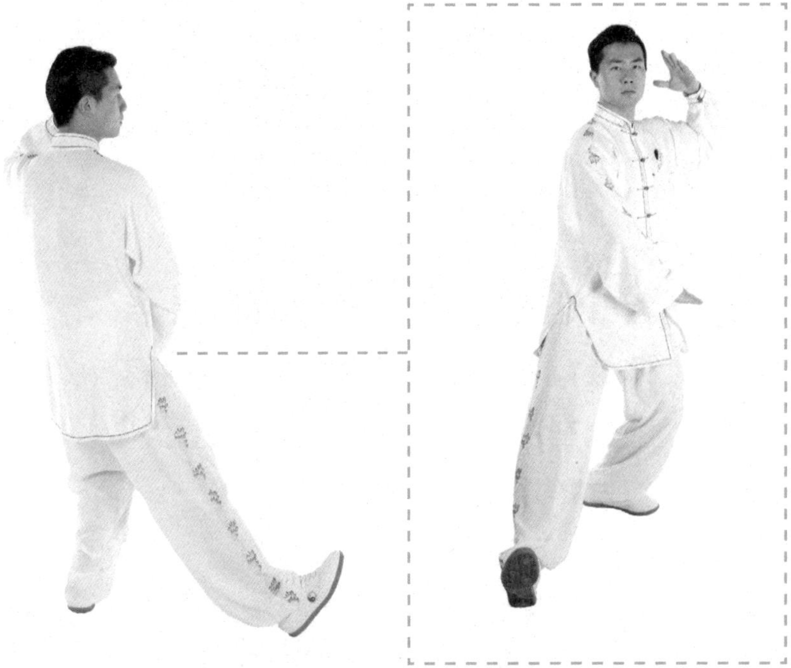

九 右脚踩实，右掌继续向下划至右膝左上方。

十 上身继续向右转，左膝微屈。右手继续向右搂至右侧髋部，指尖朝前；左手立掌向前推，指尖朝上，约与鼻尖齐高，目视左掌。

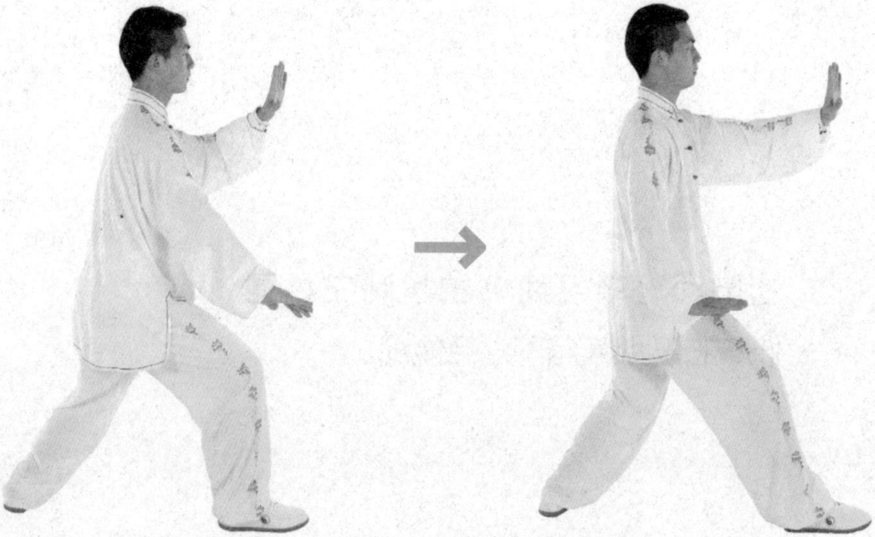

十一 上身向右转，左脚贴向右脚，左掌向右、向下划，右掌向右、向上划。上身继续右转，右掌划至与肩齐高，左掌略低于右掌。右掌沿弧线形路线向上方划，直至与头顶齐高，左掌向下划；同时左膝向上提起，脚尖向下。

十二 左掌沿弧线形路线，向腹部前方划，上身稍稍向左转，左脚跟轻轻落地，右掌向右耳侧收，目视左方。上身继续向左转，整体调整为左弓步姿势。左手从左膝前面左搂至左侧腰部，指尖朝前；右手立掌向前推，指尖朝上，与鼻子齐高；目视右掌。

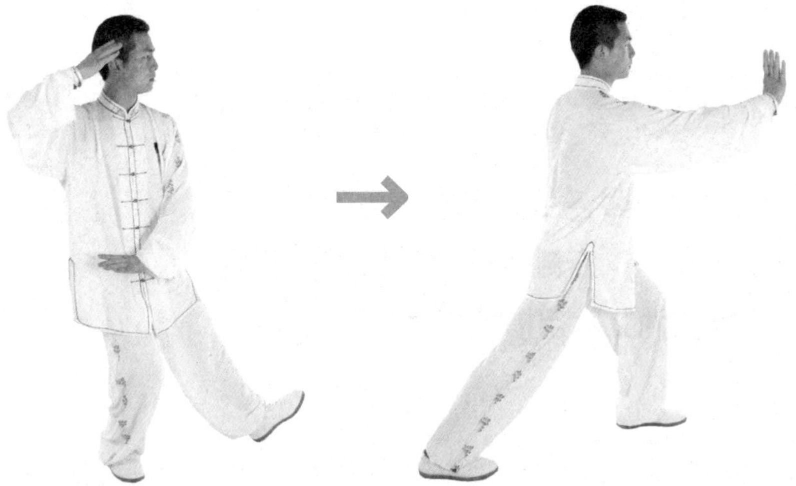

第五式 手挥琵琶

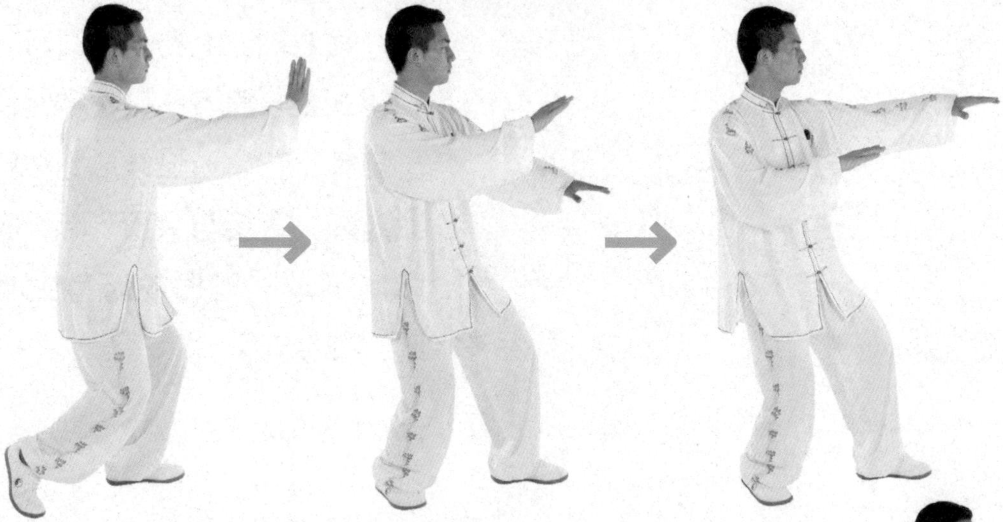

一

接上式。右脚向前进半步，脚尖着地，之后全脚踏实。重心后移，右腿支撑身体，上身稍稍向右转，右掌向后收，左掌向前、向上抬，抬至与肩齐高，右掌收至胸前。

二

左脚跟抬起，整体调整为左虚步姿势。双肘屈曲，左脚向前迈步且脚跟着地，双掌变为立掌且指尖朝上，目视前方。

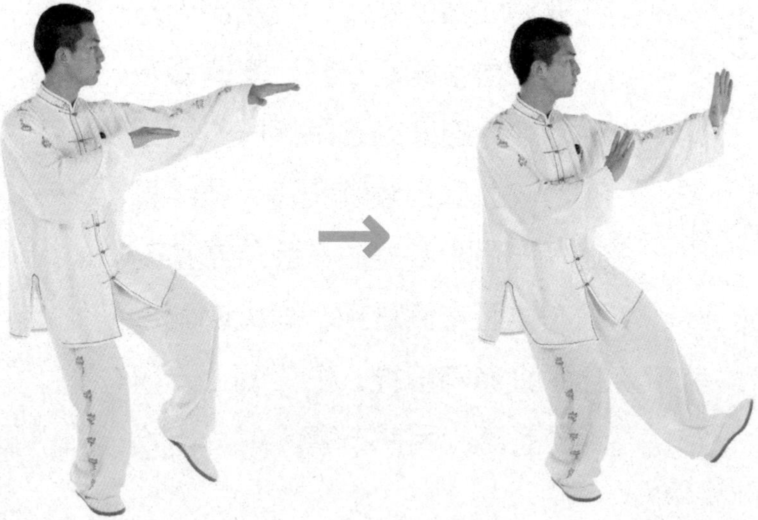

第六式 倒卷肱

一 接上式。上身向右转，右掌向上翻并沿弧线形路线先向下、后向上划，最终与头部齐高，左掌向上翻，目视右掌。右肘屈曲，右掌心朝内。

二 左脚经右脚内侧向后撤一步，脚尖着地。同时头部左转，左手保持姿势，右手略向内、向下翻掌并前推至约与肩齐高。

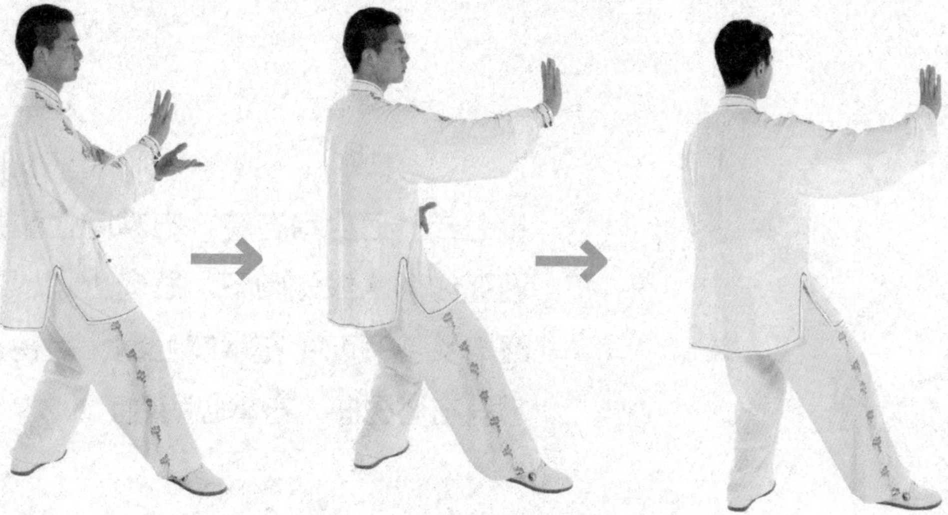

三 左脚踩实，重心后移。左掌向后收，掌心朝上，右掌从右耳处向前推。左掌向下划，右掌向前推。上身稍稍向左转，目视右掌。上身继续向左转。

四 左掌沿弧线形路线从腹部前方先向下、后向上划，最终与肩齐高，右掌向上翻，目视左掌。左肘屈曲，左掌心朝内。右脚经左脚内侧向后撤。

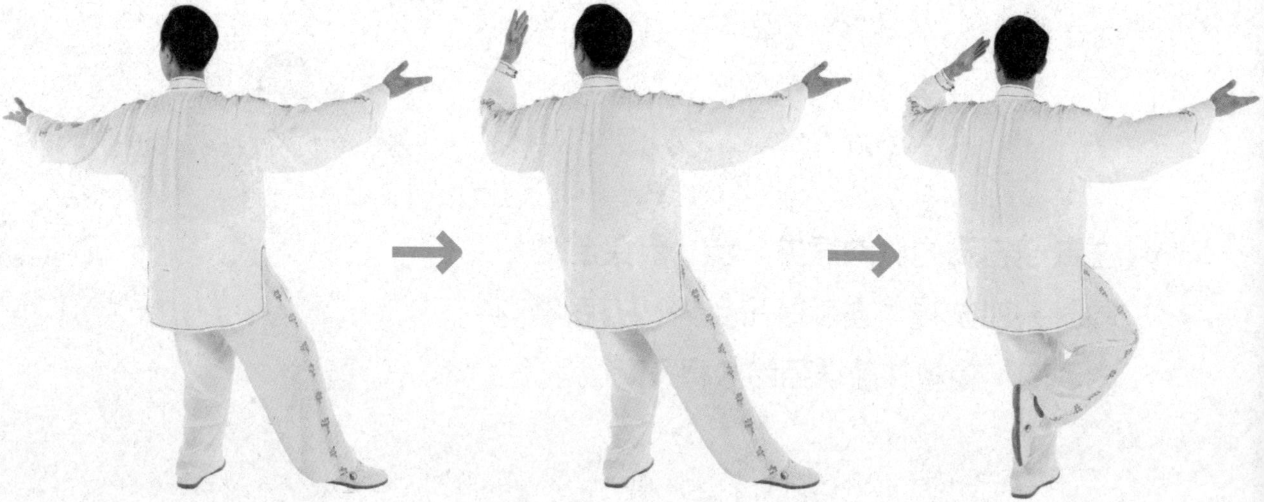

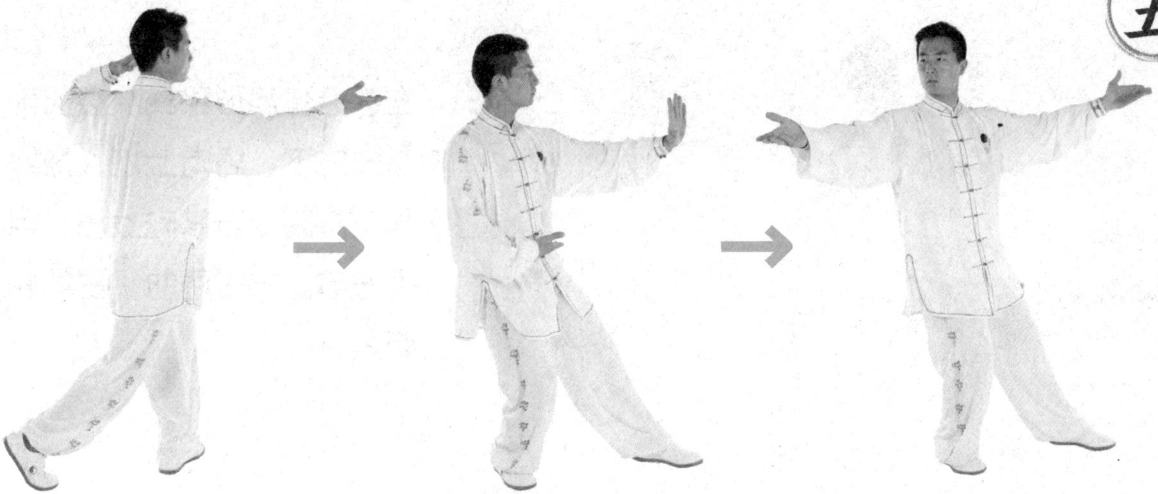

五 右脚向后撤一步，脚尖着地，同时头部右转。右脚踩实，重心后移。右掌向后、向下划，掌心朝上，左掌从左耳处向前推，目视左掌。上身向右转，右掌沿弧线形路线从腹部前方先向下、后向上划，最终与肩齐高，左掌向上翻，目视右掌。

六 右肘屈曲，左脚经右脚内侧向后撤一步，重心后移。左掌向后收，掌心朝上，右掌从右耳处向前推。左掌向下划，右掌向前推。上身稍稍向左转，目视右掌。

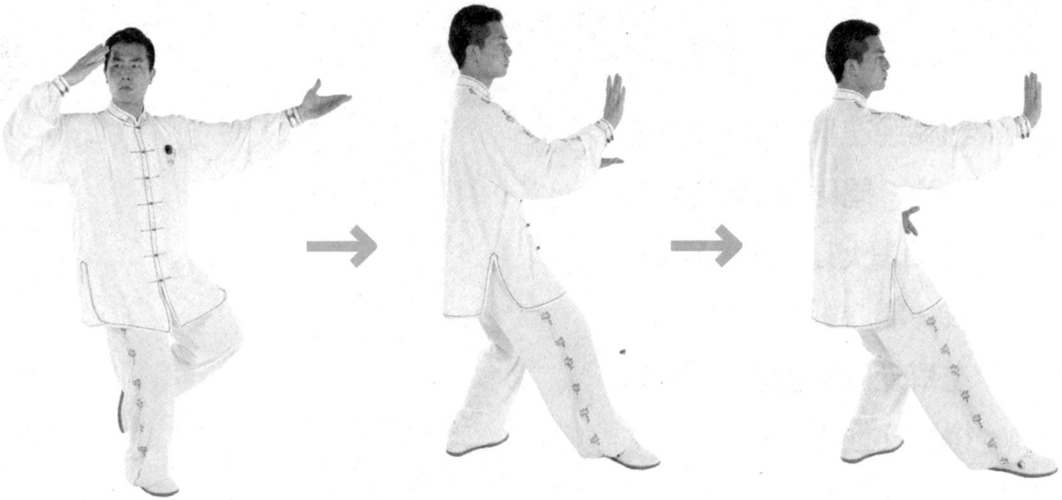

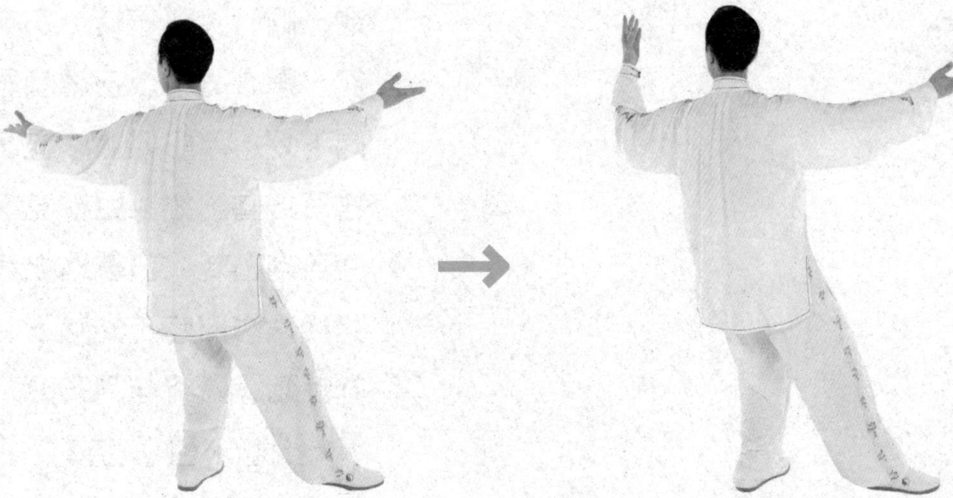

七 左掌沿弧线形路线从腹部前方先向下、后向上划，最终与肩齐高，右掌向上翻，目视左掌。左肘屈曲，左掌心朝内。

八 右脚经左脚内侧向后撤一步，同时头部右转，脚尖着地。右掌向后收，掌心朝上，左掌从左耳处向前推。右脚慢慢踩实地面。

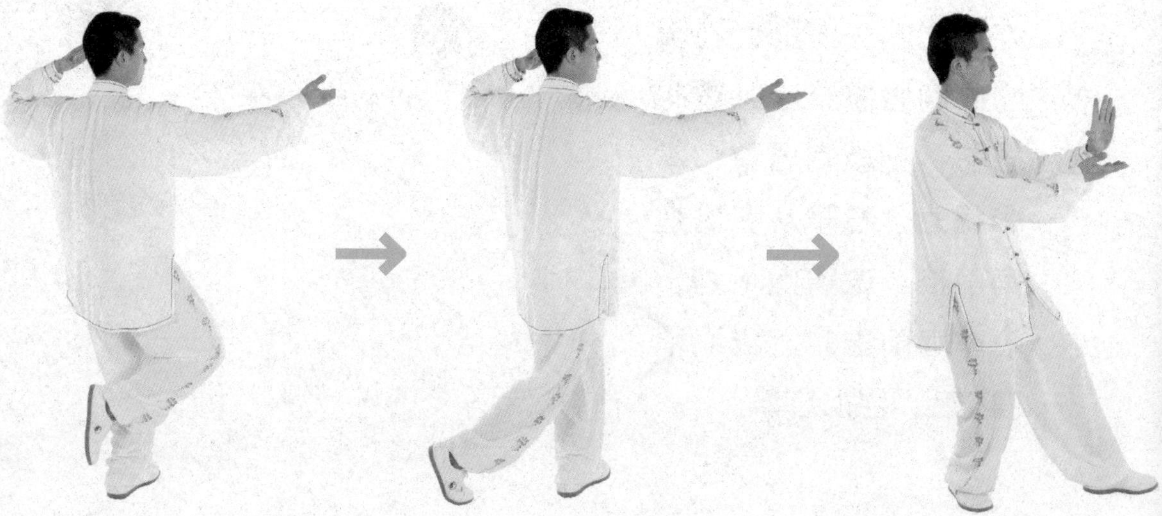

第七式 左揽雀尾

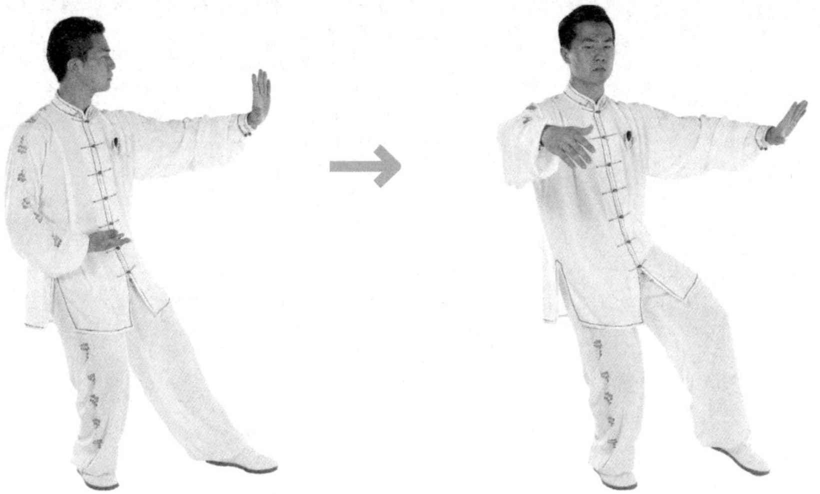

一

接上式。上身稍稍向右转，右肘屈曲，右掌沿弧线形路线向下划至腰部位置，左掌向前推。左脚跟抬起，准备向后撤步。右掌向右、向上划并于胸前翻掌。

二

左脚撤至右脚内侧，右臂水平屈肘，左手翻掌向上并沿弧线形路线划至髋部前方，双掌相对，如抱球一般。左脚向前迈一步，脚跟着地。上身向左转，左脚踩实，整体调整为左弓步姿势。左掌向上划至与肩齐高，右掌则向下划至髋部位置。

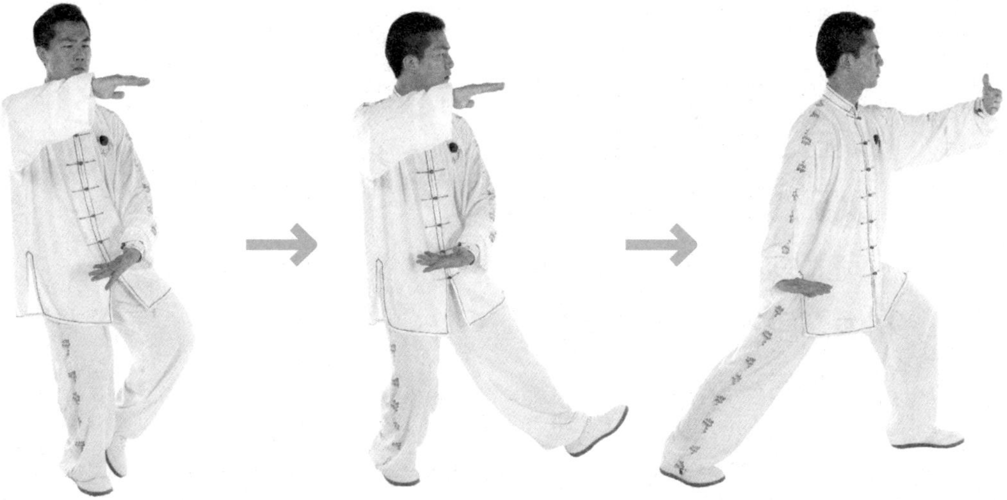

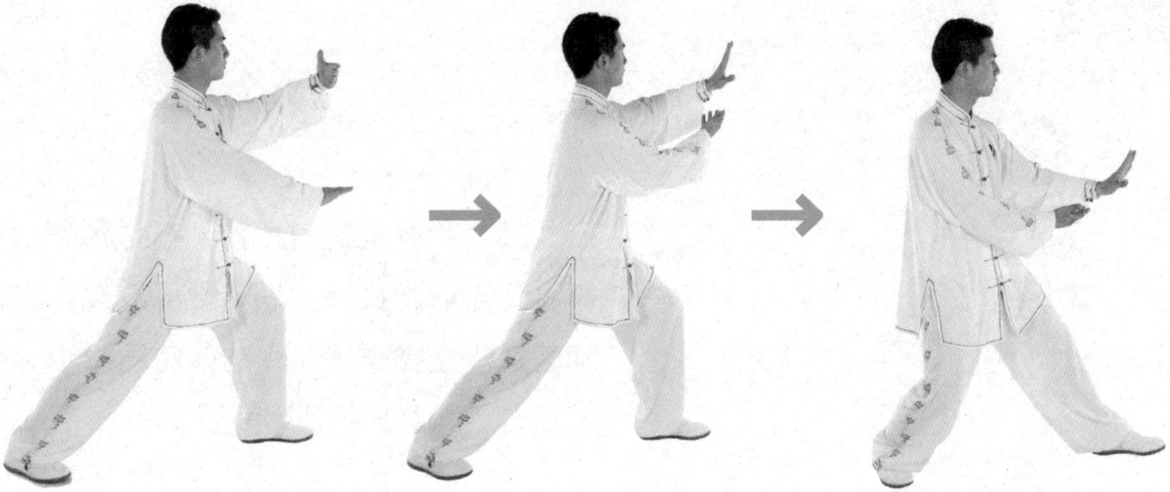

三 右掌向上、向前抬。左掌向外翻并向前伸，右掌向上翻并向左臂内侧靠前的位置伸。双掌收回腹前。

四 上身向右转，双掌沿弧线形路线，经髋部前方朝右上方划。右掌向上划至约与肩齐高，左掌向上划至胸前，掌心朝内。屈右膝，蹬左腿，重心后移。

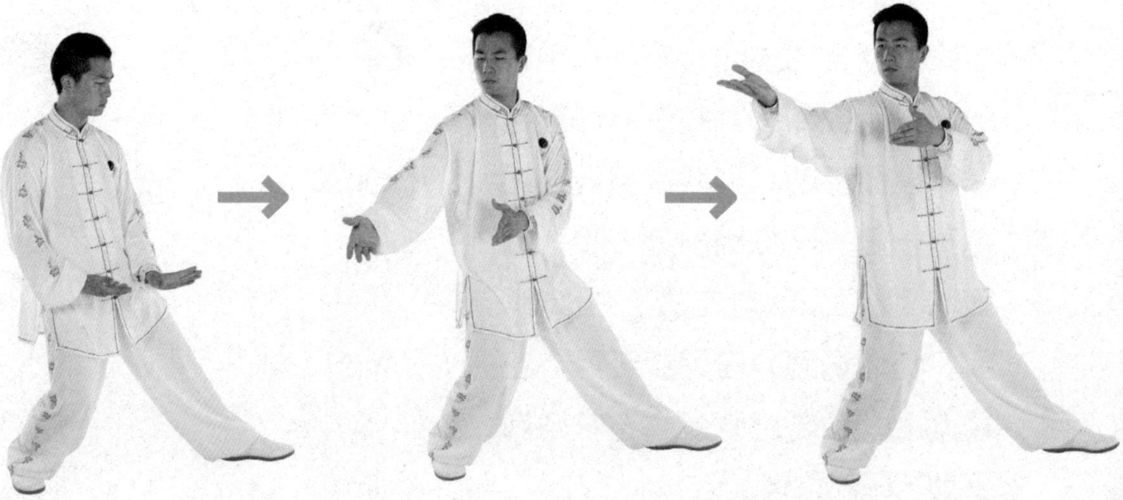

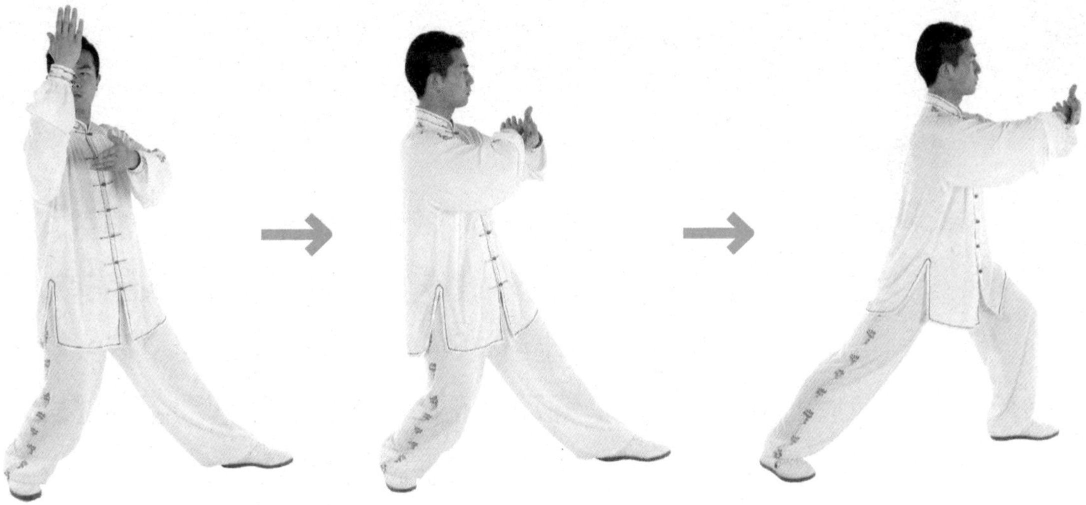

五

右肘屈曲，右掌上举至与头顶齐高，视线跟随右掌。上身向左转，右掌向胸前收，并搭在左腕内侧。屈左膝，整体调整为左弓步姿势。双掌向前推，并且始终与肩齐高，双臂拢圆，目视前方。

六

双掌向下翻，双臂向前伸至前平举且距离同肩宽。屈右膝，蹬左腿，重心后移，左脚跟着地，双掌向胸前收，掌心朝下。重心前移，左脚踩实，整体调整为左弓步姿势。双掌沿弧线形路线向前推，最终指尖向上且约与肩齐高，目视前方。

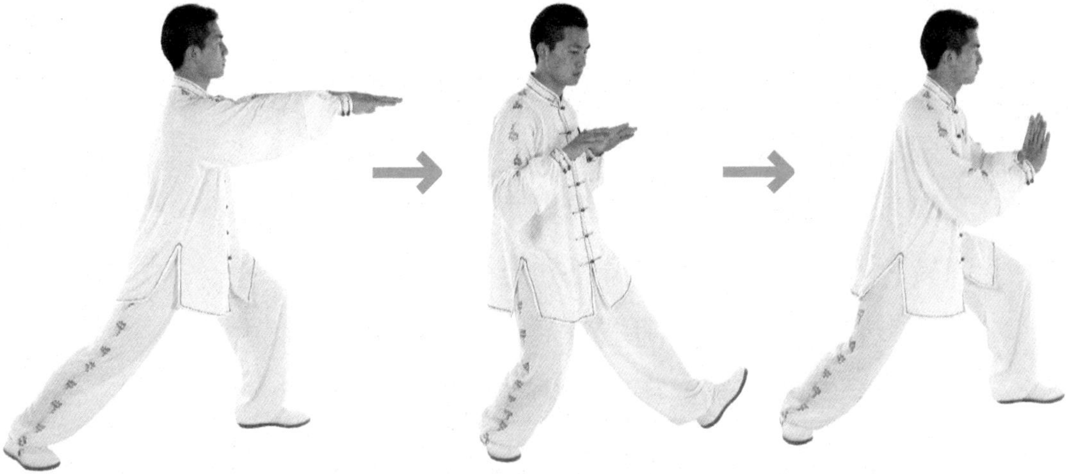

第八式 右揽雀尾

一 接上式。双臂继续前推，直至伸直，重心后移，上身向右转，右掌从头部前方向右划至体侧，略低于肩，头部及视线随右手移动，左臂屈曲，左掌移动至颈部前方。重心移至左腿上，右脚跟抬起。

二 左腿支撑身体，右脚后撤至左脚内侧后向前迈步，脚跟着地，右掌向上翻并下划至髋前，双掌相对，呈抱球状。上身向右转，右脚踩实，整体调整为右弓步姿势。双掌收于胸前，且前后分开，然后右掌向前伸至与肩齐高，掌心朝内，左掌下划至左侧髋部位置，目视右掌。

三 左掌向上、向前划。右掌向外翻并向前伸，左掌向上翻并跟随右臂向下划。上身向左转，重心后移。屈左膝，蹬右腿。

四 上身继续向左转，左掌向上划至身体左侧，右手向内翻掌并划至胸前，双臂与肩齐高。左肘屈曲，左掌上举至与头顶齐高。上身向右转，左掌向胸前收，并搭在右腕内侧。屈右膝，整体调整为右弓步姿势，接着双掌向前推，并且始终与肩齐高，双臂拢圆，目视前方。

五 双掌向下翻，向两侧打开。最终双臂伸直，与肩同宽，掌心朝下。

六 屈左膝，蹬右腿，重心后移，右脚跟着地，双掌向胸前收，掌心朝下。双掌从胸前向腹前按压，掌心斜朝下。

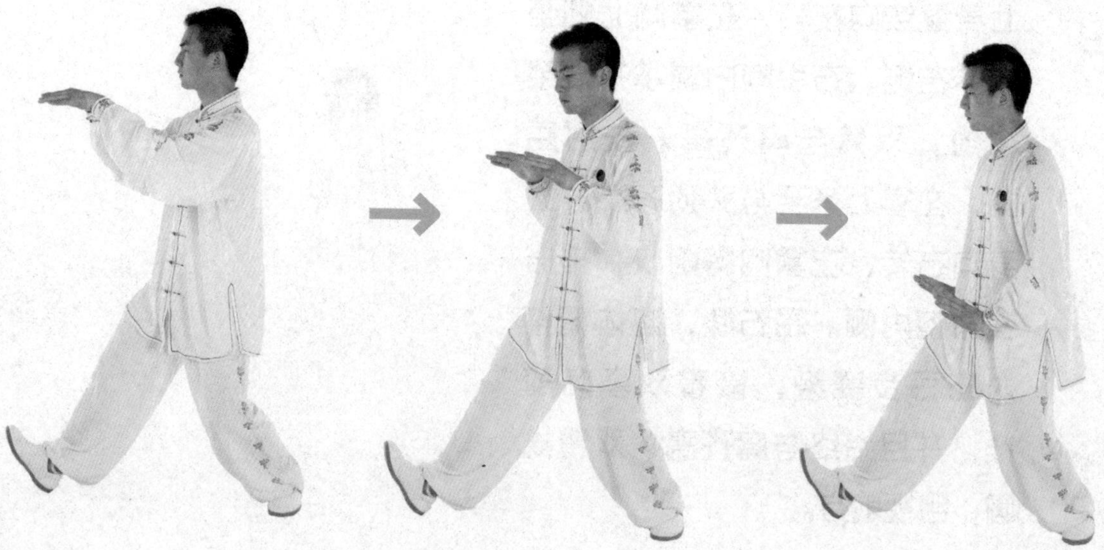

第九式 单鞭

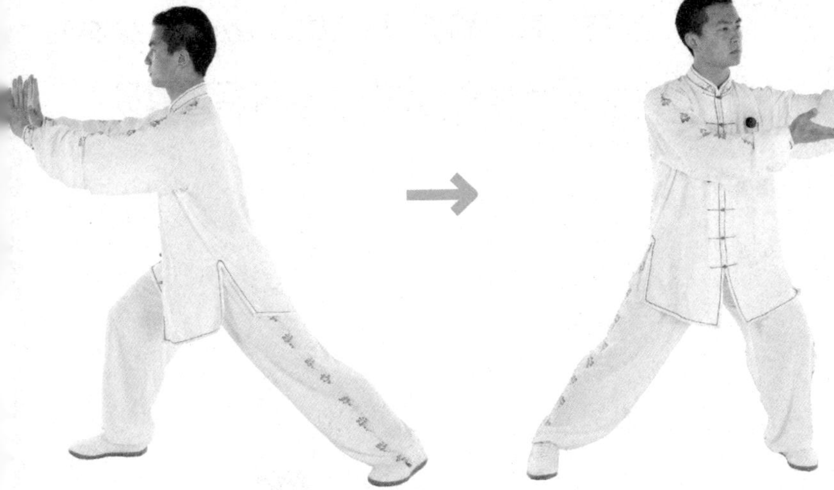

一

接上式。右脚踩实，整体调整为右弓步姿势，双掌沿弧线形路线向上、向前划，最终双臂约与肩齐高，距离同肩宽，指尖朝上。上身向左转，重心左移，左掌沿弧线形路线，从头部前方划向身体左侧，始终与肩齐高，右手翻掌经腹部前方划向左侧胸部前方，视线跟随左掌移动。

二

重心移至右腿上，上身向右转，屈右膝，蹬左腿。右掌沿弧线形路线划向右上方，掌心朝内；左掌先向下、后向右上方划；视线跟随右掌移动。

三 左脚贴近右脚，左掌向上、向右划至右肩前方，掌心朝上，右掌向前翻。右掌变勾手，左手搭在右腕处，左脚向左迈步。

四 上身稍稍向左转，左脚踩实，左掌沿弧线形路线向左划，掌心朝内，目视左掌。屈左膝，蹬右腿，整体调整为左弓步姿势。左掌在头部前方向前翻并向前推，保持与肩齐高，目视左掌。

第十式 云手

一

接上式。上身向右转，重心慢慢移至右腿上，左脚尖抬起，左掌划向左下方，右勾手变掌。右腿支撑身体，上身继续向右转，屈右膝，左脚内旋踩实。左掌沿弧线形路线，从腹部前方向右上方划至右肩前方，右掌竖起，目视右掌。

二

上身向左转，左掌沿弧线形路线，经头部前方划向左侧并慢慢向外翻，右掌沿弧线形路线，经腹部前方向左上方划至左肩前方，同时右脚贴近左脚，目视左掌。上身向右转，左掌向下划至腹部右前方，掌心斜向翻转向内。右掌经头部前方沿弧线形路线向右划并慢慢向外翻，视线跟随右掌移动。

第十一式 单鞭

一

接上式。双膝稍稍屈曲，右掌向前伸，左手搭在右腕处。右脚踩地，左脚跟抬起，右掌变勾手。左脚准备向左跨，目视右前方。

二

左脚向左跨一步，脚跟着地。上身稍稍向左转，左脚踩实地面，左手沿弧线形路线，经头部前方向左划，掌心朝内。上身继续向左转，重心左移，整体呈左弓步姿势。左掌在头部前方向前翻并向前推，目视左掌。

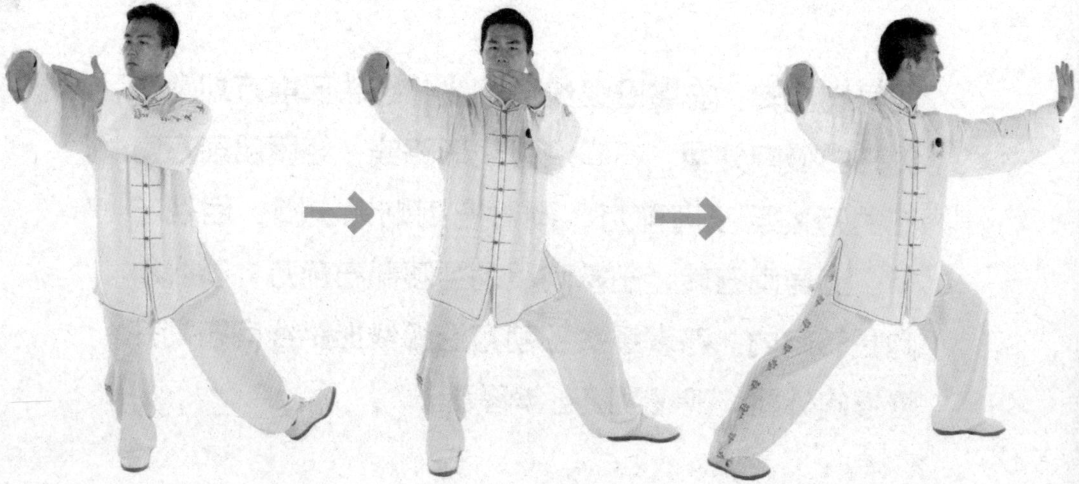

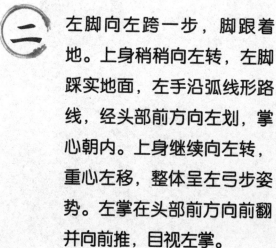

第十二式 高探马

一 接上式。右勾手变掌，双掌向上翻，收右脚至左脚内侧，目视右掌，上身保持竖直，肩部向下沉。在身体重心转移至左腿时，身体保持稳定。

二 右脚踩实，右肘屈曲，右掌上举。目视左掌，上身稍稍向左转，右脚踩地，左脚抬起，右掌收至右耳旁。右肩前送，右掌从右耳处向前推，与肩齐高，左掌向腹部位置收，目视右掌。左脚向前迈，脚尖着地，整体调整为左虚步姿势。

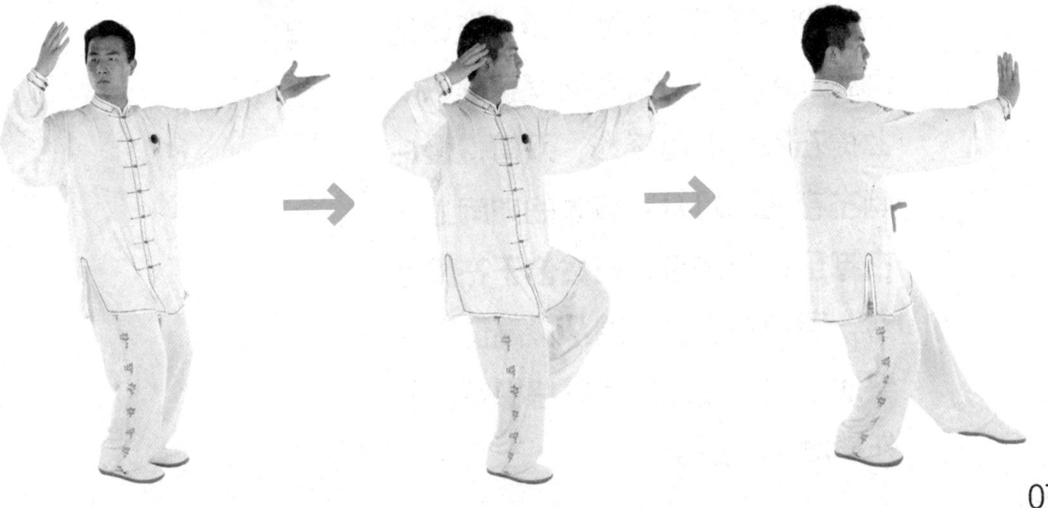

第十三式 右蹬脚

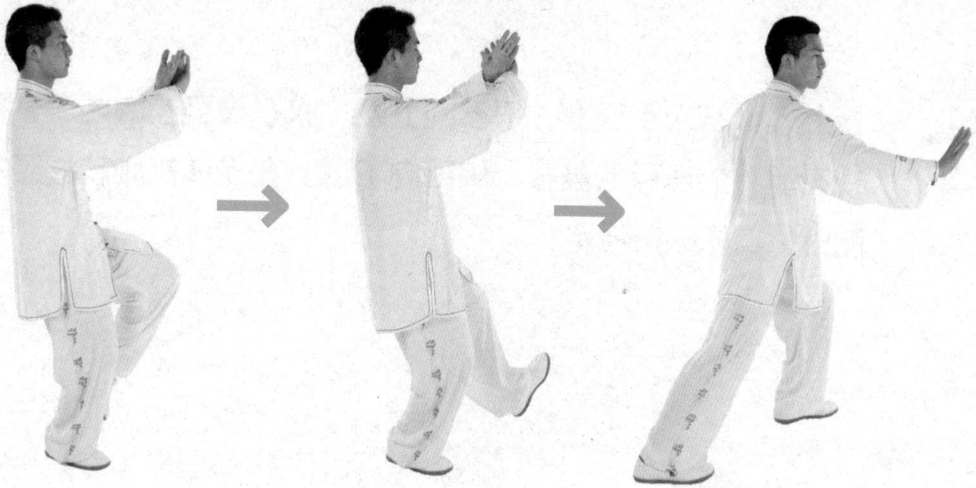

一 接上式。左脚贴向右脚，左掌向上划至右掌上方，双掌交叠。左脚向前迈，屈左膝，蹬右腿。双掌沿弧线形路线，分别向身体两侧划，最终掌心朝前。

二 右脚贴向左脚，双掌沿弧线形路线向腹部前方划，交叠后向胸前收。上提右膝。左腿撑地，双臂慢慢地向左右两侧打开用较大的力向上蹬右脚至右腿伸直，右臂位于右腿上方，目视右掌。右腿从最高位置缓缓地下放，注意身体保持稳定，动作速度均匀且慢。

第十四式 双峰贯耳

一 接上式。右腿收回，左手沿弧线形路线，从身体后侧向胸前划。右腿继续收回，双掌在胸前由外向内翻。

二 右脚向前迈一步，脚跟着地。双掌变拳，收至腰部两侧，目视前方。重心前移，整体调整为右弓步姿势。双拳沿弧线形路线，从身体两侧向头部前方划，双臂向内旋。

第十五式 转身左蹬脚

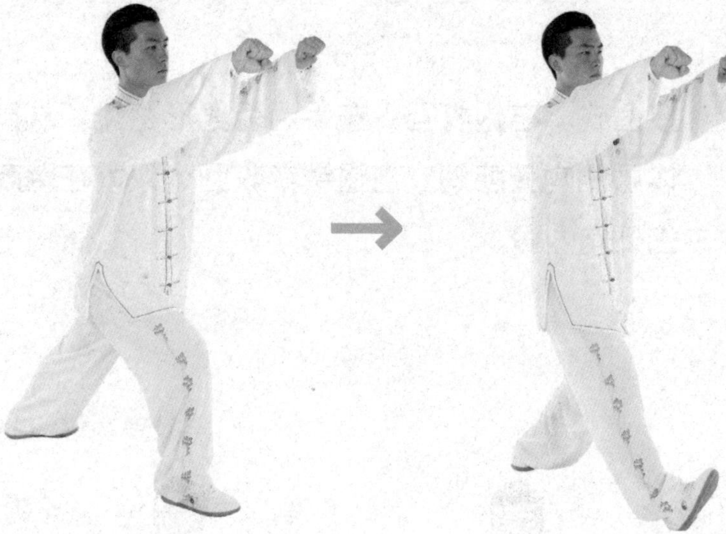

一 接上式。双臂划至头部前方，拳心向下，左腿屈曲，右腿蹬直，右脚尖抬起。上身向左转，双臂伸直。

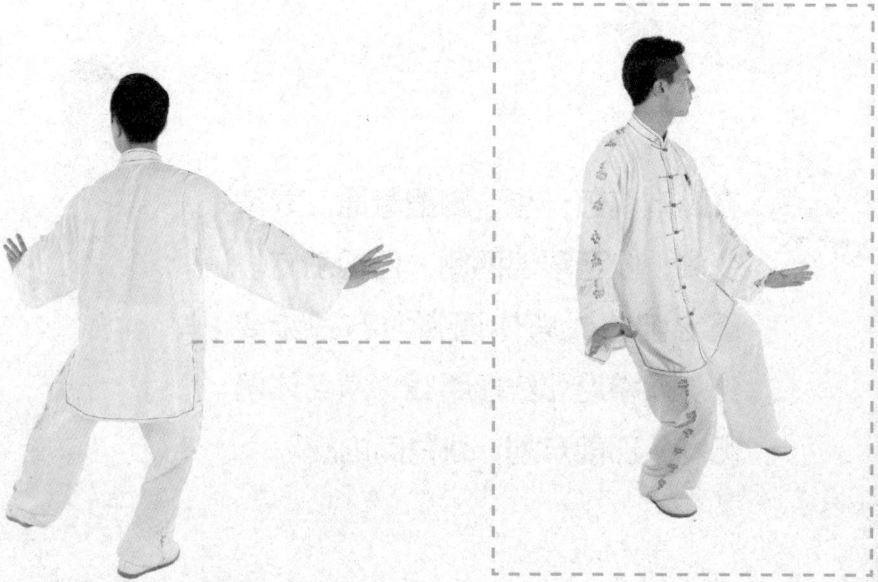

二 上身继续向左转，右脚踩实，重心右移。双拳变双掌，沿弧线形路线，分别从头部前方朝两侧划，目视左前方。

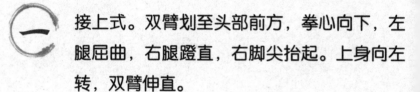

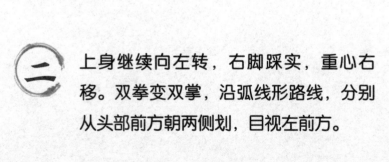

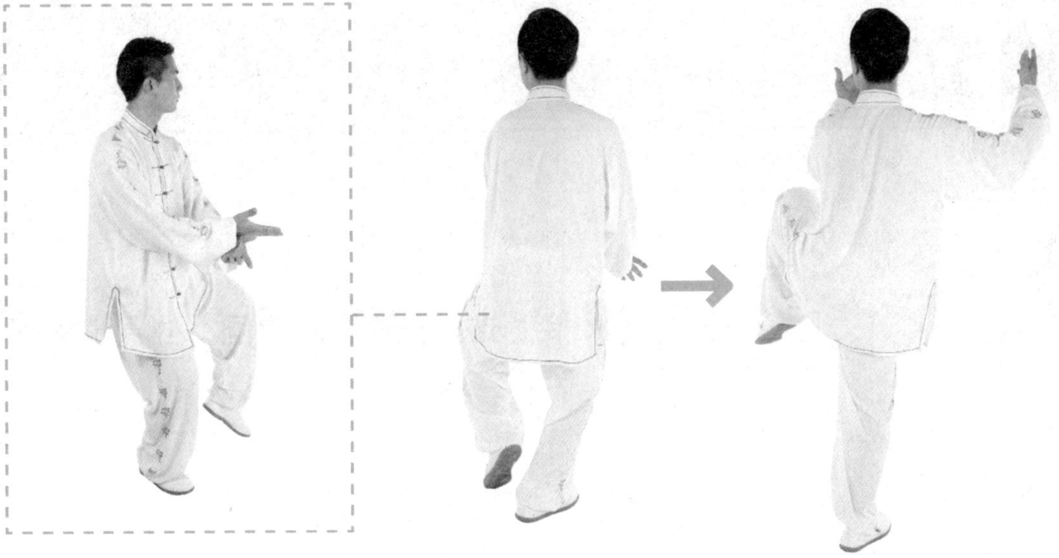

三 双掌沿弧线形路线，向腹部前方划，交叠后向胸前收。然后双臂内旋，置于身体两侧，平视左前方。右腿支撑身体，左脚靠向右脚，然后左腿屈膝上提。

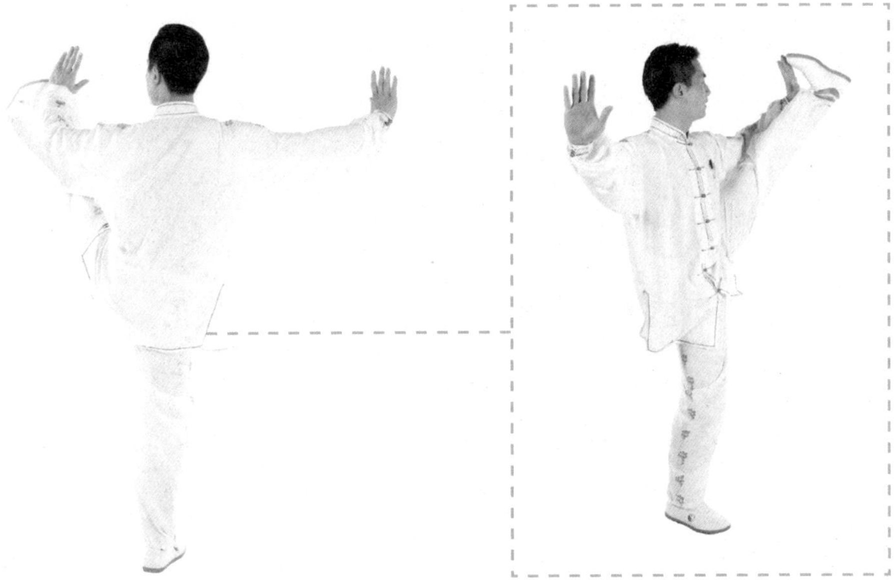

四 双掌向外翻，双臂向两侧打开。左脚勾脚尖，用力将脚跟向上蹬至左腿伸直，且位于左臂下方。

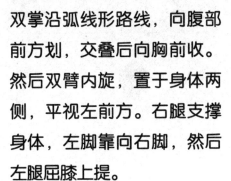

第十六式 左下势独立

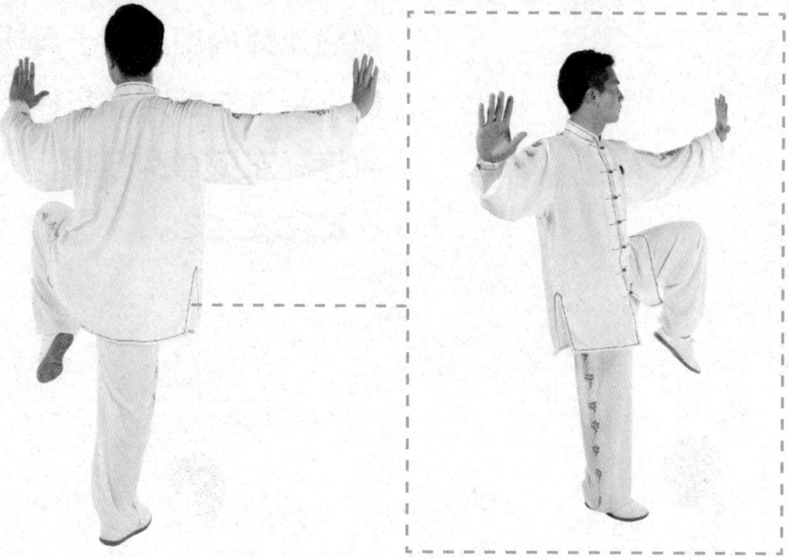

一 接上式。左腿屈膝收回，上身稍稍向右转。

二 右臂向内移，右掌变勾手；左掌沿弧线形路线，向上、向右划至右肩前方；目视右手，左脚收向右脚。

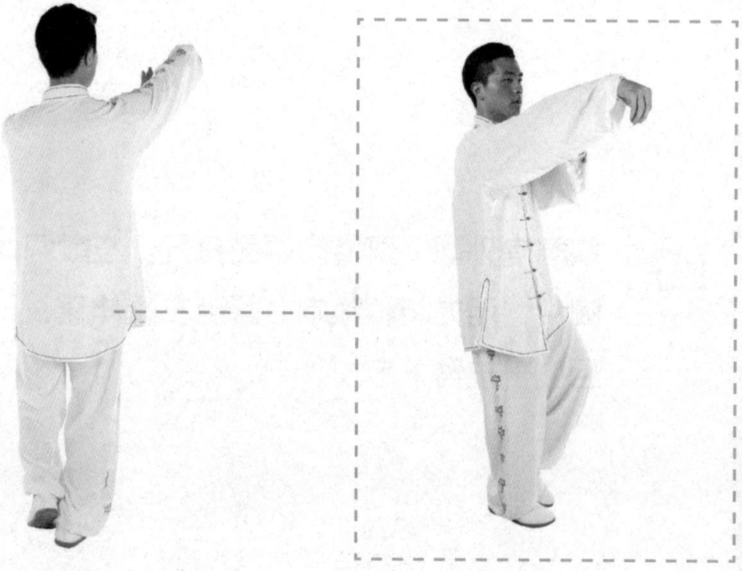

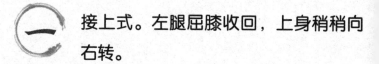

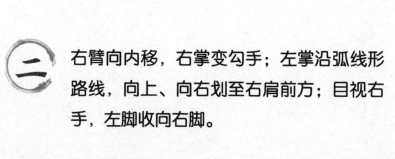

三 右膝屈曲下蹲，左腿向左伸直。左掌经头部前方向下划至右肋前方，经左腿内侧穿出后，指尖朝左。右手向右、向下划，上身向左转，左脚向外旋，左腿向前弓，目视左掌。

四 上身向上、向前移，左掌向上划至与肩齐高，右勾手向下落至与腰齐高。左掌向外翻后向下落，沿弧线形路线向左肋划，右勾手上翻，手心向上。重心左移，右腿向前提膝，左膝稍稍屈曲，调整为左独立步姿势。左掌下压至髋部左侧，右勾手变掌且掌心朝左，置于胸部前方。

第十七式 右下势独立

一 接上式。右脚贴向左脚，前脚掌着地，随即踩实地面，双腿微屈。

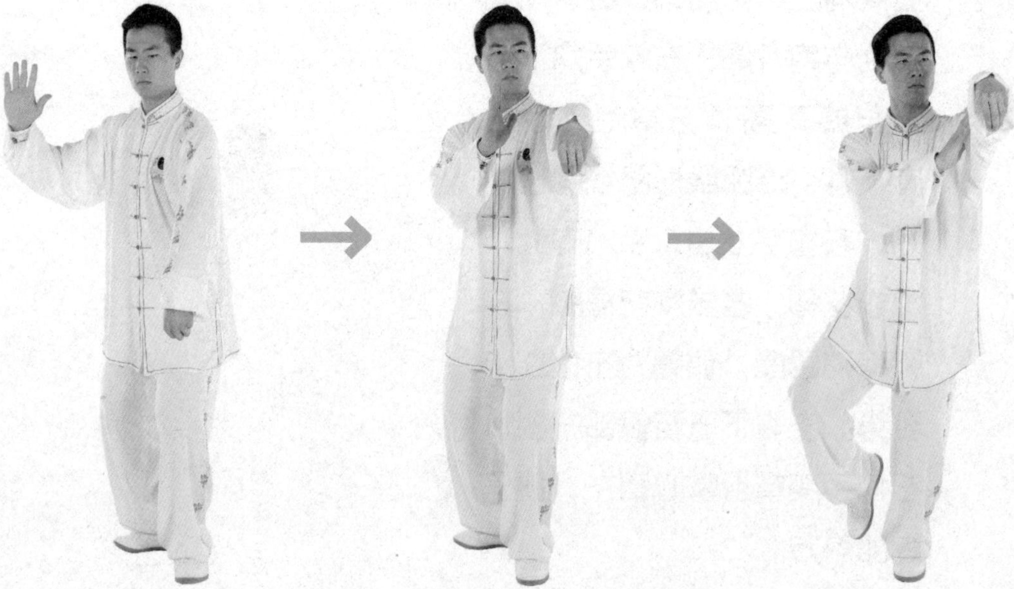

二 上身向左转，左脚随之向左转。左掌先变为勾手，然后上提至左肩高度，右掌沿弧线形路线，划向左臂内侧。抬起右脚，准备跨步。

三

左膝屈曲下蹲，右腿向右蹬直，先以前脚掌落地，随即踩实地面。右掌经腹部前方，向右脚划，左勾手向下落至髋部左侧，随即右腿向前屈膝，身体重心向右移，右掌向上移。

四

右腿前弓，左腿伸直，身体重心前移。右掌竖起，掌心朝左，左勾手上翻，掌心朝上。重心前移，左腿向前提膝，左脚尖朝下，调整为右独立步姿势。右掌下压至髋部右侧，左勾手变掌且掌心朝右，置于胸部前方。

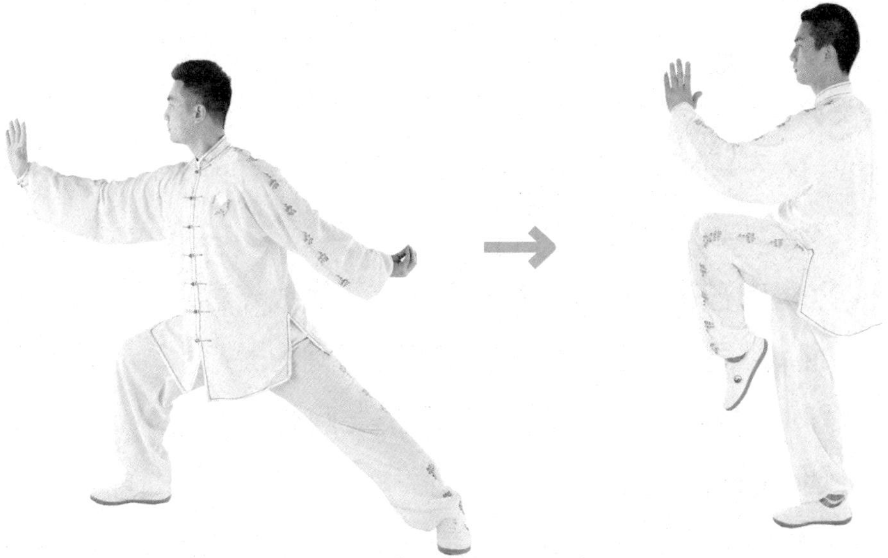

第十八式 左右穿梭

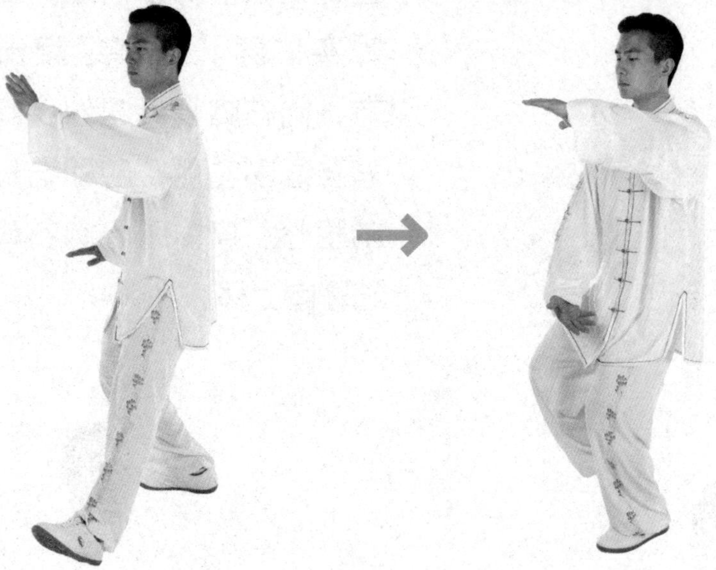

一 接上式。左脚向左前方落下，脚跟着地，上身向左转。接着左脚踩实，左膝屈曲，右脚抬起并靠近左脚。同时右掌向上翻，左掌向下翻，双掌相对，如抱球一般。

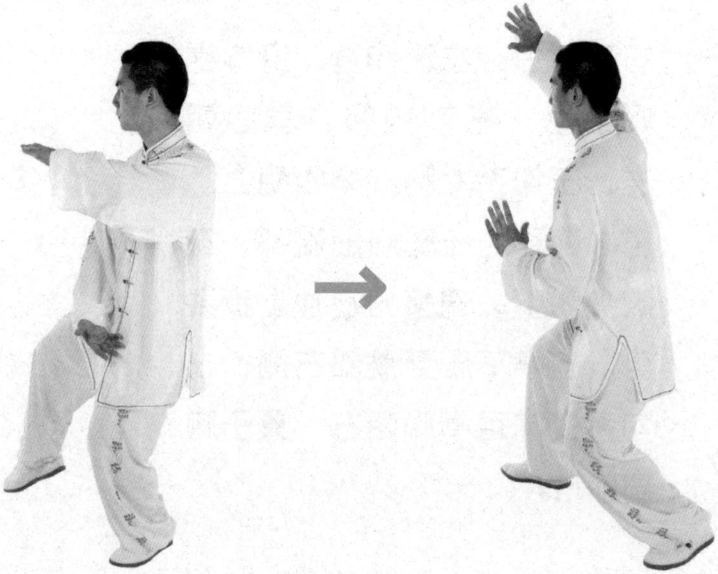

二 上身向右转，右脚斜向前迈一步，脚跟先着地，然后全脚踩实地面。右掌由下向前上方划，且掌心逐渐外翻，左掌由上向后下方划，目视前方。

三 上身继续向右转，左腿蹬直，整体调整为右弓步姿势。右掌向上翻，上举至额头右上方，掌心朝外，左掌向前推，与鼻子齐高，目视左掌。身体重心后移，左脚向外旋，上身稍稍向左转。右掌向下，左掌沿弧线形路线向腹部前方划，为双掌“抱球”做准备，目视右掌。

四 双掌在右肋前方上下“抱球”，左脚收至右脚内侧，然后上提左转，向前迈一步，脚跟着地。左掌由下向前上方划，右掌则反向划至右肋位置，目视前方。上身继续向左转，左脚踩实，左膝屈曲，整体调整为左弓步姿势。同时左掌向上翻，上举至额头左上方，掌心朝外，右掌向前推，约与肩齐高。

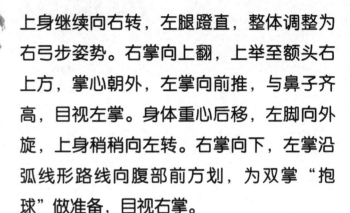

第十九式 海底针

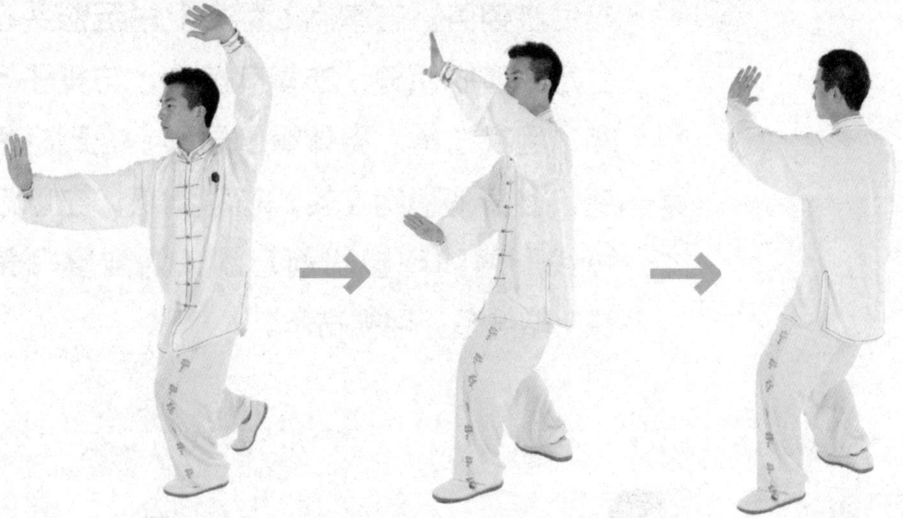

一 接上式。右脚稍稍向前迈，脚尖着地，双脚保持一只脚长的距离。右脚踩实，右腿屈曲，右掌向下划，左掌下落至头部前方，掌心向外，身体稍稍向右转。

二 左脚提起，右腿微屈，左掌沿弧线形路线，向前下方划至腹部前方，手指朝斜前方，右掌从身体一侧划向右耳位置，掌心朝内，目视前方。上身向左转，向前俯身，右掌从右耳位置向下插，左掌搂过左膝，向左腿外侧按压。左腿向前迈，调整为左虚步姿势，目视右掌。

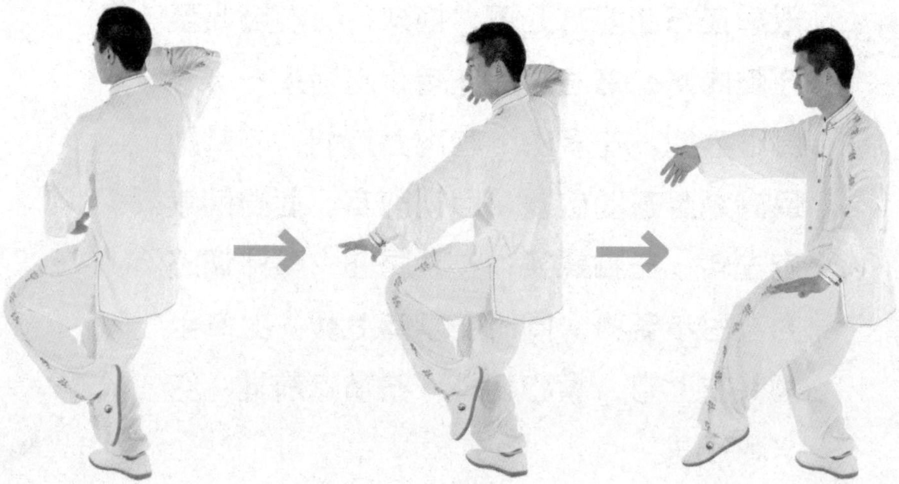

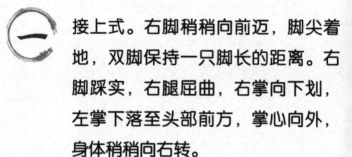

第二十式 闪通臂

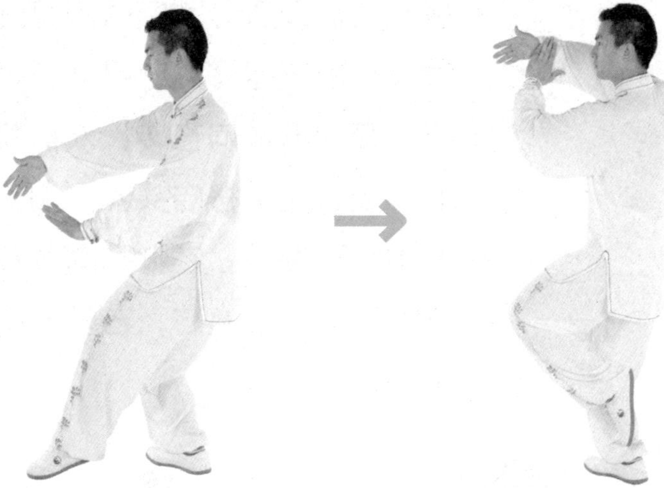

一 接上式。上身恢复直立，左腿提膝，贴向右腿，右腿支撑身体；右手上提，手指朝前，左掌向上贴于右腕内侧，与右臂一齐上划至与耳齐高。

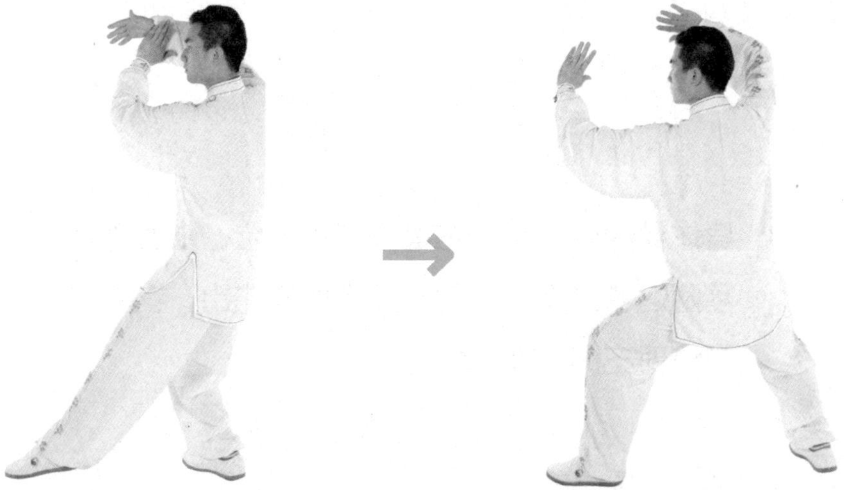

二 左脚前迈一步，然后向前屈膝，右腿保持屈膝，同时右掌向上翻，向右侧额头上方划，掌心朝外；左掌向前推，与鼻子齐高；目视左掌。

第二十一式 转身搬拦捶

一 接上式。双掌分别向两侧打开，同时重心由左腿移向右腿。左脚向内旋，带动身体向右转，双臂随之转动。接着左掌摆向头部左侧上方，右掌向下按压。右脚贴向左脚，左掌摆至头部正上方，右掌划向腹部左侧。

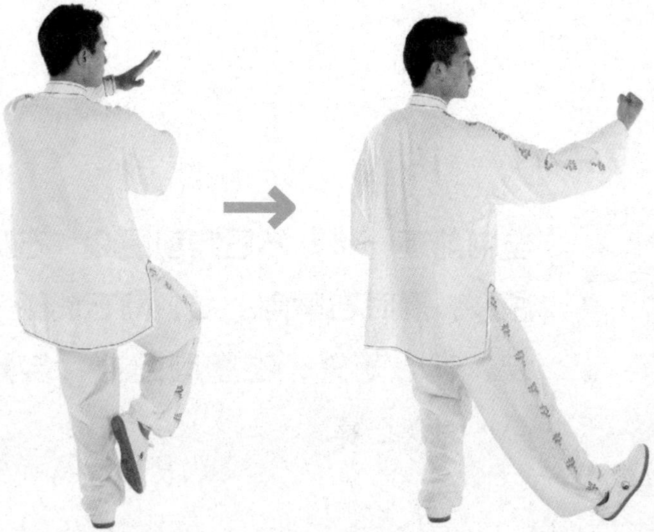

二 身体继续向右转，右脚向前跨一步，脚跟着地。右掌随之变为拳，从胸部向前翻转击出，左掌向下划至髋部左侧，掌心朝下。

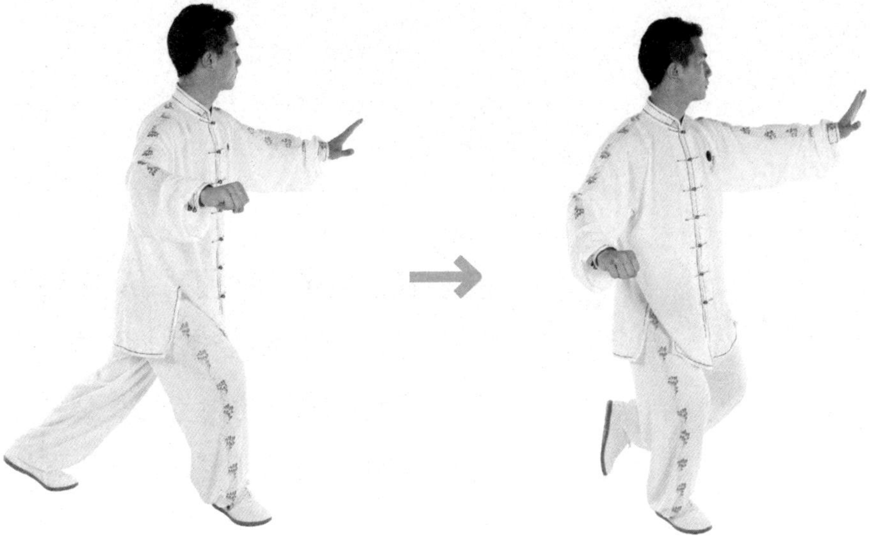

三 身体继续向右转，右脚踩实地面，重心前移至右脚。随着身体的转动，左掌向上抬，掌心朝前，右拳向右、向下划，目视左掌。左脚收向右脚。

四 左脚向左迈一步，左手立掌，掌心向左，右拳先向腰部位置收回，后向内翻转并前推至胸前。上身向左转，蹬直右腿，整体调整为左弓步姿势。右拳从胸部朝前击出，左掌收回，手指贴于右臂内侧，目视右拳。

第二十二式 如封似闭

一 接上式。左掌向上翻，从右臂下方向前穿出。右拳变掌，翻转向上。左掌穿至右掌心时，双掌交叠，向身前平举，与肩齐高。

二 身体重心后移至右腿，左脚尖抬起，双掌分开并向后收至胸前。左脚踩实，双手翻掌向前。左膝微屈，双掌前推。

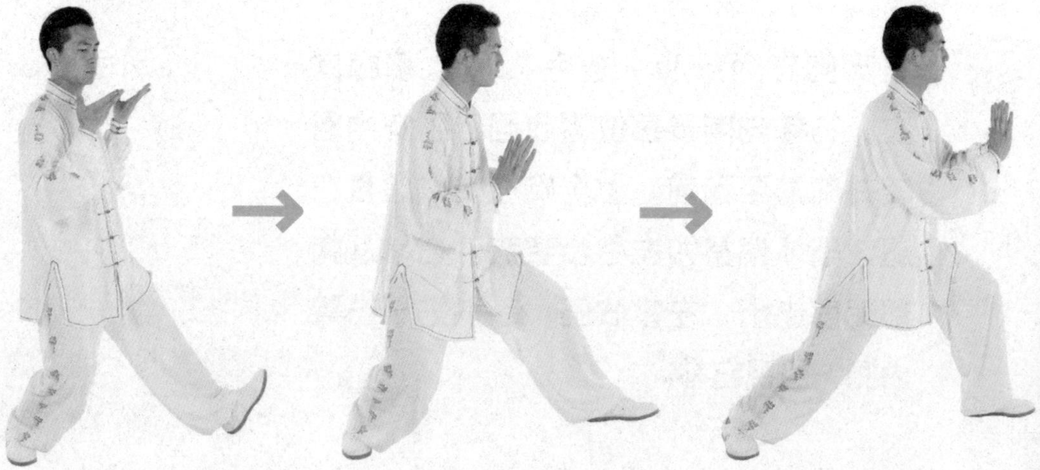

第二十三式 十字手

一 接上式。右膝伸直，整体呈左弓步姿势，双掌前推至双臂伸直。上身向右转，左脚以脚跟为轴向右转，左腿蹬直，随后右脚以脚跟为轴向右转，右腿屈膝。右掌向右摆至头部右侧。

二 重心继续向右移，右脚踩实地面。上身向左转，重心向左移，双掌沿弧线形路线向腹部前方划至相交，左上右下，掌心均朝上。右脚收向左脚，双掌上举至肩前。

第二十四式 收势

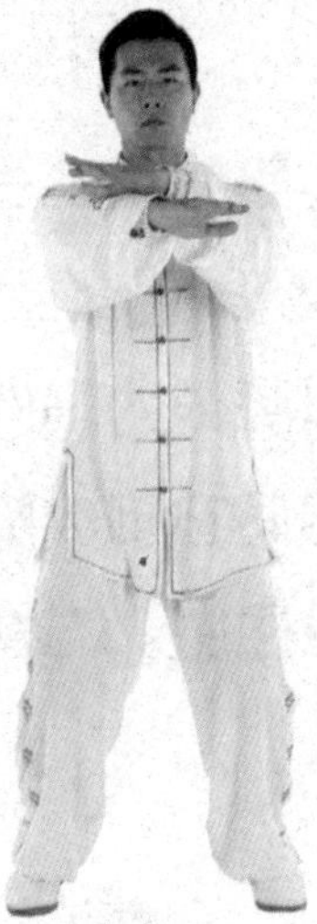

一 接上式。右脚踩实，双脚与肩同宽，双臂向内旋，双掌向下翻，目视前方。

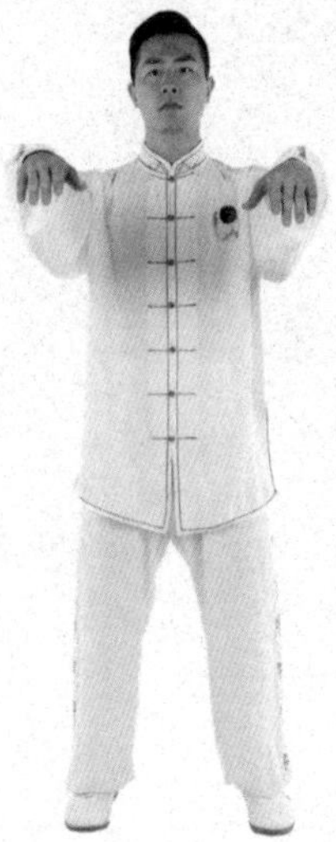

二 双臂分开，与肩同宽，然后于胸前屈肘并缓缓下落。

三 双臂继续缓缓下落，最终自然垂于身体两侧，目视前方。

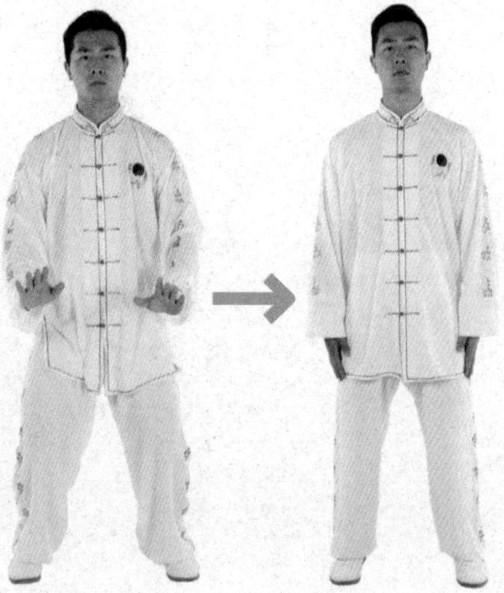

四 左脚并向右脚，脚掌先着地，后踩实地面，回到初始姿势，目视前方。

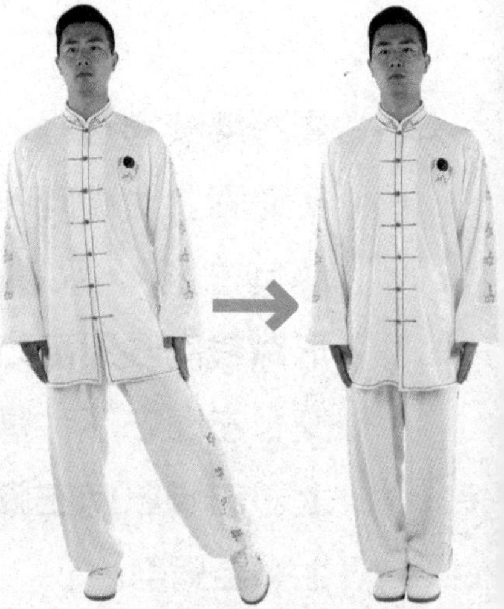